Los Secretos del Tenis Español

Por Chris Lewit

Agradecimiento especial a

Brandon Arradaza

Malala Fox

Meghan Bean Flaherty

Kimberleigh Weiss-Lewit (cariño!)

John Yandell y a la revista Tennisplayer.net

Fotógrafos:

J. Gregory Swendsen

Susan Kraft

Mark DaCunha

Jim Fawcette

www.sportfiles.com

INDICE

Agradecimientos

Introducción—Lluis Bruguera

Prefacio: Los disparadores sistemáticos del éxito español

Breve Historia del Tenis Español

* Parte I: Los Secretos *

Capítulo 1: Trabajo de pies, Movimiento y Equilibrio

Capítulo 2: Construir Armas; Desarrollar la Velocidad de la Raqueta

Capítulo 3: Paciencia y Consistencia

Capítulo 4: Defensa

Capítulo 5: Preparación física

Capítulo 6: Sufrimiento

* Parte II: Los Entrenadores y las Academias

Capítulo 7: Las Leyendas del Entrenamiento y sus Legados

Lluis Bruguera
William 'Pato' Alvarez

Capítulo 8: Academias Españolas Líderes

Bruguera Top Team
Sánchez-Casal
Barcelona Total Tennis
CIT/FCT
Equelite JC Ferrero
TennisVal
ProAB
Global Tennis Team

Conclusión

Sitios de Internet Útiles y Referencias

Chris Lewit

AGRADECIMIENTOS

Luego de más de seis años de entrevistas, investigación y escritura, tengo la alegría de ofrecer este libro a la comunidad mundial de entrenadores, padres y jugadores que se interesen por el estilo español de entrenamiento tenis.

Quisiera agradecer a la miríada de entrenadores de España que me concedieron entrevistas y fueron más que generosos con su tiempo.

Específicamente, querría agradecer a Lluis Bruguera quien me dedicó innumerables horas de entrevistas y tiempo de cancha, describiendo su filosofía y métodos de entrenamiento, y, a Pato Álvarez quien no solamente respondió todas mis preguntas durante varias semanas, también me permitió permanecer en la cancha observando sus clases una maravillosa experiencia de aprendizaje.

Miguel Crespo ofreció sus muy valiosos puntos de vista sobre los cofactores de éxito en España y también colaboró con su agudo ojo editor.

Gracias a todas las academias elite, cuyas reseñas están incluidas en este libro, a sus directores y personal quienes me abrieron sus operaciones académicas y me permitieron observar y formular muchas preguntas!

En general, la mayoría de los entrenadores españoles comparten su conocimiento y experiencia con entuasiasmo y comparten también su comprensión de un sistema que ha lanzado a su país al pináculo del tenis internacional.

En muchos modos, los resultados del método español han superado aún los más grandes sueños de los creadores y visionarios más precoces.

INTRODUCCIÓN

Hace muchos años conocí a Chris y me fascinó su curiosidad insaciable por conocer las reales ventajas del sistema español que ha logrado tanto éxito en los últimos años.

Ha realizado un trabajo excelente observando el sistema español y ha demostrado su gran capacidad de análisis y su gran interés y motivación por conocer a muchos de los entrenadores y las academias líderes de España.

Chris es un enamorado y un ferviente seguidor del sistema español pues cree en las ventajas que ofrece este sistema.

Es obvio que un país tan pequeño y sin muchos tenistas debe tener algo escondido que ayuda para el éxito.

Chris es un personaje inusual dentro del mundo de la formación y de los entrenadores debido a su insaciable curiosidad. Siempre busca los porqués de todo.

Tiene personalidad y compromiso y sabe transmitir su conocimiento del sistema español para ayudar a sus alumnos y a sus lectores a alcanzar un alto nivel de comprensión de nuestros métodos aquí, en España.

Quiso entregar una herramienta de trabajo práctica para todos los padres, jugadores, y entrenadores, para simplificarles su tarea, acercando y haciendo que el sistema de enseñanza español sea comprensible.

Recomiendo fervientemente Los Secretos del Tenis Español a todos los padres, entrenadores y jugadores que estén interesados en aprender los métodos españoles.

--Lluis Bruguera, Director de Bruguera Top Team Academy.

Ex entrenador de Copa Davis de España.

Entrenador del dos veces campeón del Abierto de Francia, su hijo, Sergi Bruguera.

PREFACIO

El Tenis Español o el Método Español son ya sinónimo de éxito tenístico a nivel mundial desde hace 20 años.

¿Qué es lo que hace tan único al Tenis Español? ¿Y exactamente qué están haciendo los entrenadores españoles de manera tan diferente para desarrollar super estrellas que otros sistemas no hacen? Estas son las principales preguntas que se deben responder en este libro. Los Secretos del Tenis Español es la culminación de seis años de estudio del modo de entrenamiento español. He visitado muchas de las mejores academias españolas, he estudiado y he entrevistado a algunos de los entrenadores líderes de España para distinguir y extraer esta única y especial metodología de entrenamiento.

Primero, parte del éxito español no se debe realmente a la metodología de enseñanza. Si bien este libro esboza seis de los secretos clave del tenis español que considero son los principales motores de su éxito, hay otros elementos paradigmáticos, impulsores sistemáticos del éxito que deben ser explicados.

Miguel Crespo, investigador líder de las Ciencias del Deporte españolas, y el jefe de la oficina de investigación de la ITF en España, explica que los elementos siguientes contribuyen para el éxito español:

1. La Historia

2. La Estructura de Torneos

3. El Sistema Competitivo de los Clubes / la Fuerte Formación de los Entrenadores

4. El clima

5. Las canchas de tierra batida

6. Los modelos de rol y mentores

7. La intensidad y el Trabajo Arduo (tanto para entrenadores como jugadores)

Comentemos cada una de estas ventajas punto por punto:

1. La Historia

Los españoles están orgullosos de su cultura tenística y creen firmemente en el honor y la tradición. Han tenido tantos campeones de torneos de Grand Slam, desde Manuel Alonso a comienzos de los años 20, Manuel Santana en los 60 y Andrés Gimeno y Manuel Orantes en los 70s. Comenzando con Sergi Bruguera y luego con Carlos Moyá (primer español en alcanzar el No. 1 de la clasificación mundial) en los 1990s, y, por supuesto Rafael Nadal en los 2000s (uno de los más grandes e importantes jugadores), los jóvenes jugadores españoles tienen una tradición de campeones que les hace creer que es ciertamente posible ser el mejor del mundo y ganar títulos importantes. Hay también una fuerte tradición de ética de trabajo y actitud deportiva que invade los modelos de entrenamiento. Se espera que todos los alumnos entreguen lo mejor de sí para ganar con honor e integridad.

2. La Estructura de Torneos

España tiene uno de las agendas más exhaustivas del mundo en cuanto a Juniors nacionales, juniors de la Federación Internacional de Tenis (ITF) y circuitos de torneos profesionales. Muchos de los mejores entrenadores me han impresionado explicando lo importante que es tener tantos eventos, profesionales y juveniles, y dentro de cortas distancias viajando en coche, tren o por medio de un corto vuelo. El grupo de torneos de alto nivel para juniors y profesionales es una tremenda ventaja para el desarrollo y puede ayudar para que el ascenso en la clasificación Juniors ITF y profesionales sea más manejable y conveneinte para los jugadores. También, los entrenadores pueden viajar más frecuentemente a mirar a sus jugadores pues los torneos están cerca de sus hogares. Es posible jugar solamente torneos profesionales todo el año en España, todos dentro de un radio de 4 - 8 horas de Barcelona, por ejemplo, sin necesidad de tomar un avión. Además, la ubicación central de España hace que sea también conveniente viajar a otros torneos europeos. Barcelona tiene vuelos directos con destinos a todo el mundo desde su aeropuerto internacional, por lo cual es una base muy común para muchos profesionales de la ATP/WTA.

Como dijo una vez un entrenador español: "En España tenermos las tres cosas que necesita un jugador para mejorar: entrenadores, torneos y jugadores. Y ahora, más que nunca, todos vienen aquí a España...Lo mejor es tener las tres cosas juntas. No hay muchos lugares con todo eso".

3. El Sistema Competitivo de los Clubes / la Fuerte Formación de los Entrenadores

España tiene un sistema arraigado con un buen programa de formación de entrenadores. El RPT, fundado por Luis Mediero, es un proveedor privado de formación para entrenadores, y la RFET (Federación Española) ofrece también buenos cursos desde iniciantes hasta avanzados de alto rendimiento.

España tiene muchos programas de club locales y estos clubes ofrecen equipos de competición interliga que sirven para ayudar a identificar a niños jóvenes competitivos que puedan ser talentosos para jugar cl juego en altos niveles.

4. El clima

El clima es similar al de Florida, sol todo el año, con temperaturas templadas en invierno. Las precipitaciones mínimas permiten jugar al aire libre en tierra batida todo el año, lo cual significa una gran ventaja para los jugadores españoles. Los meses cálidos de julio y augusto y el clima generalmente templado fortalecen a los jugadores físicamente preparándolos para la lucha de un largo partido en una cancha al aire libre. Los jugadores del sur de España entrenan en climas aún más cálidos que los de Barcelona.

El ex No. 1 de dobles del mundo, Sergio Casal, cofundador de la Academia Sánchez-Casal lo describe aún mejor: "Qué sucede aquí? Es ventoso. Es soleado. Hace calor. Y es lento…Y tienes que jugar. Aquí te haces fuerte. Aquí puedes construir todo."

5. Las canchas de tierra batida

"Jugamos mucho en tierra batida en España porque tenemos muchas canchas de esas y son buenas para aprender el juego. En la tierra batida los jugadores aprenden a moverse y a golpear sus tiros en equilibrio, aún cuando estén bajo presión, y eso les ayuda mucho".

Javier Piles, entrenador de David Ferrer durante mucho tiempo.

Las omnipresentes canchas de tierra batida rojas de España son quizás el verdadero "Secreto" del tenis español. Como atestiguan todos los entrenadores españoles—la tierra batida ayuda a desarrollar tenistas de mil maneras:

1. La tierra batida en España es muy lenta, y como es más lenta la velocidad de la pelota, se hace más difícil pegar tiros ganadores cuando los niños son pequeños. Los jugadores juveniles aprenden a ganar con consistencia y paciencia en lugar de buscar los tiros ganadores directamente.

2. Como los puntos son más largos, los jugadores aprenden las tácticas mejor aprenden a construir los puntos en lugar de pegar tiros ganadores. Los jugadores aprenden a posicionar al adversario, lastimarlo, moverlo, y usar la geometría de la cancha aprenden el juego de ajedrez del tenis.

3. La tierra batida es menos estresante para las articulaciones y para la parte inferior del cuerpo y la espalda, permitiendo a los jugadores entrenar más con menos dolor y menos lesiones crónicas.

4. La velocidad lenta de la pelota en tierra batida puede ayudar a la hora de desarrollar la técnica adecuada para los jugadores en formación. Las pelotas generalmente no botan ni demasiado alto ni demasiado rápidamente lo cual permite empuñaduras y puntos de contacto buenos para los menores de 10 años y el tiempo extra produce largos peloteos con buena producción de golpes.

5. Las condiciones lentas y pesadas de la tierra batida roja obligan a los jugadores a desarrollar la máxima cadena cinética y la velocidad de raqueta para poder competir exitosamente. Los jugadores aprenden a desarrollar una fuerte aceleración por necesidad.

6. La inestablidad inherente de la superficie de tierra batida ayuda para que los jugadores desarrollen mejor equilibrio dinámico, estabilidad al correr, y mejor coordinación de la parte inferior del cuerpo y los pies.

6. Modelos de Rol y Mentores

"Nosotros (en España) somos como una familia y siempre tratamos de ayudarnos mutuamente todo lo que podemos". Javier Piles, entrenador de David Ferrer durante mucho tiempo.

Durante mis viajes por España, me sorprendió mucho la relativa cooperación y amistad entre los entrenadores de elite y las academias. Si bien son competencia, comprenden su rol para el desarrollo y trabajan en conjunto cuando es posible para ayudar a España.

La misma cooperación y apoyo entre academias demuestran los jugadores individuales en España, quienes suelen ser muy humildes y realistas siempre ayudando para que sus compatriotas tengan éxito. Prefieren una mentalidad competitiva en la cual "una marea creciente levanta todos los barcos" en lugar de un enfoque competitivo de tierra quemada.

Los modelos de rol y mentores son componentes importantes para el éxito español. Emilio Sánchez lo llama la importancia de las "generaciones". Los tenistas españoles creen en ayudar a la próxima generación de jugadores a mejorar el tenis español en su totalidad. He visto muchas veces en los centros de entrenamiento españoles cómo los profesionales mayores entrenan a los jugadores junior sin emitir ni una queja. Los españoles, de algún modo, han inculcado esta generosidad hacia sus compatriotas en la mayoría de sus jugadores exitosos..

Alex Corretja dice: "Somos como una familia y siempre tratamos de ayudarnos mutuamente todo lo que podemos". Cuando comencé, muchos de los grandes jugadores como Alberto Berasategui y Carlos Costa me ayudaron a ser un buen jugador permitiendo que yo compartiera entrenadores y prácticas con ellos. Aprendí mucho de ellos como jugador, y ahora con este conocimiento y mi experiencia, trato de hacer lo msimo como entrenador con los jugadores con quienes trabajo."

El enfoque del mentor fue adoptado no sólo por los jugadores, sino por los entrenadores, como Pato Alvarez y Lluis Bruguera, quienes fueron abiertos y estuvieron listos para compartir su conocimiento con la generación más joven de entrenadores talentosos. Aún hoy, Pato y Lluis comparten con alegría su conocimiento con cualquier entrenador que les visite. Sánchez-Casal hasta ofrece un curso junto con el RPT para capacitar a todo entrenador interesado en su "Método Español."

Campeones españoles Corretja y López.

Cuando pregunté a Sergio Casal por qué ofrecen ese curso, afirmó seriamente que realmente querían ayudar a mejorar el tenis en el mundo compartiendo su sistema. Viniendo del mundo hiper competitivo del tenis de alto rendimiento en los Estados Unidos, realmente me impresionó esta afirmación.

James Goodall escribió un artículo excelente describiendo el compromiso español para ayudar a la generación siguiente, tanto de jugadores como de entrenadores:

"Luego, la misma situación impulsa a la generación siguiente, los entrenadores más jóvenes aprenden de los mayores, ven los resultados, imitan y siguen progresando y de ese modo se forma un sistema exitoso."

Uno de los productos de ese sistema, Corretja, finalista de Roland Garros en 1998 y 2001 destaca que no solamente fueron clave los entrenadores, sino que los jugadores de mayor edad, con mayor experiencia y mejor posición en la clasificación también cumplieron un rol importante mezclándose con los juveniles de ese momento.

"Esto es muy importante para el desarrollo de los jugadores más jovenes", dice Corretja. "Cuando yo era joven, tuve la suerte de practicar con jugadores como Emilio Sánchez y Carlos Costa y muchos otros, y para mí fue increíble pues yo moría por estar en la cancha con ellos.

"Cuando fui algo mayor, practicaba con algunos jugadores más jóvenes que estaban surgiendo como Carlos Moyá y Juan Carlos Ferrero, y ahora los chicos españoles más jóvenes practican con ellos, así es que funciona realmente bien.

Habiéndose beneficiado él mismo con el sistema, y con la creencia de que los jugadores mayores tienen la obligación de nutrir a los talentos más jóvenes, no se perdió con Moyá, quien puso maravillosamente al actual No. 1 del mundo, Rafael Nadal bajo su ala cuando el mallorquino era un joven adolescente que hacía sus primeros pasos en el circuito profesional.

"Conocí a Carlos mucho antes de comenzar a jugar en el circuito y practiqué mucho con él en mi casa, en Mallorca," dice Nadal. "Confié en él y me dió mucha confianza.

El enfoque español de mezclar generaciones proporciona no solamente un apoyo del mentor para los jugadores, también ayuda a fortalecer su espíritu competitivo. Según Albert Costa, "Los modelos de rol son muy importantes. Y aquí, en España, está la academia para practicar en invierno, tenemos a Montañez, Almagro, Lopez, muchos tenistas profesionales y ellos practican con los jugadores jóvenes. Juegan con ellos. Para los Juniors es importante ver la diferencia de niveles. Es muy, muy importante."

Feliciano Lopez

Por lo tanto, la inusual cantidad de cooperación inter academias, actividad de mentor entre entrenador y jugador y el modelo de rol, y la competición amigable entre compatriotas ha sido de singular valor para el desarrollo del tenis español en general. Otros países deberían alentar una cultura similar de generosidad, humildad, de compartir y de cooperación.

7. La intensidad y el Trabajo Arduo (tanto para entrenadores como jugadores)

Albert Costa los resume perfectamente cuando dice, "Lo más importante de los ejercicios es la intensidad. Si haces los ejercicios con intensidad y concentración total, esa es la única forma de mejorar tu tenis". Esta mentalidad es evidente en todo el tenis español.

Alberto López, entrenador español dice: "Lo más importante es la mentalidad. Somos realmente feroces... Este es nuestro juego".

Estos siete factores dejando de lado todas las filosofías y métodos de entrenamiento han sido de real importancia para el ascenso del dominio español en el mundo del tenis.

Antes de enfocarnos en los Secretos mismos, será útil que el lector conozca algo de la historia del tenis español.

[Todas las citas de las entrevistas personales y James Goodall's "Spain's Generation Game," www.atpworldtour.com (August 2012)]

Breve Historia del Tenis Español

En 1973 había solamente dos españoles entre los mejores 50: Manuel Orantes y Andrés Gimeno. En 2011, el número de jugadores españoles entre los mejores 50 se había más que cuatriplicado de dos a nueve, y el país se ufanaba de tener, sorprendentemente, a 13 jugadores entre los mejores 100. Además, 17 españoles están entre los 10 mejores desde que comenzaron las clasificaciones de la ATP en 1973.

Entonces, ¿exactamente cómo España, un país muy pequeño, logró transformarse en una fuerza dominante en el tenis en menos de 40 años?

En los años 60, el tenis español seguía la vieja escuela de plano y cortado, como en muchas otras partes del mundo. Pero los españoles eran consistentes y pacientes y buenos en la tierra batida. Solían ser descriptos (de manera peyorativa) como impulsores desde la línea de fondo.

Manuel Santana, ganador de 4 Grand Slams: Wimbledon, y los Abiertos de los Estados Unidos y de Francia en los 60. Ganó el Abierto de Francia en 1961 y 1964, el Abierto de los Estados Unidos en 1965, y Wimbledon en 1966.

Luego, Andrés Gimeno ganó el Abierto Francés en 1972 y Manuel Orantes en 1975. Tras el triunfo de Orantes en Francia, España sufrió 18 años sin Grand Slam para los varones hasta que Sergi Bruguera ganó los títulos del Abierto de Francia dos años consecutivos en 1993 y 1994.

Arantxa Sánchez-Vicario ganó el Abierto Francés femenino durante esos años, en 1989, pero hubo una gran escasez de éxitos masculinos desde 1975 y a lo largo de los 80s.

Lluis Bruguera (padre y entrenador de Sergi') y el estilo de entrenamiento Bruguera lograron prominencia en España cuando los jugadores de Lluis lograron triunfar. Fernando Luna, uno de los protegidos de Lluis llegó al puesto 28 y Sergi ganó el nacional de Juniors español en 1987, ascendió rápidamente en el circuito ATP terminando entre los mejores 30 en 1989. Cuando Sergi (guiado por Lluis) irrumpió en 1993 y pasó a ser el primer hombre en ganar un Grand Slam en 18 años, el sistema de Bruguera ganó mucho reconocimiento positivo.

Sergi inspiró también a toda una generación de jugadores españoles. Albert Costa recuerda, "cuando Sergi ganó el primer Grand Slam, el primer Abierto de Francia, creo que todos comenzamos a creer que quizás podamos lograrlo. Surgieron muchos jugadores. Él ganó el Abierto Francés el mismo año que yo perdí la final del Abierto Francés Junior entonces para mí era ...OK, el muchacho es muy bueno. Él puede ganar el Abierto Francés. Yo puedo jugar con él. ¿Y por qué no? Creo que cuando alguien cercano puede lograr algo realmente increíble, comienzas a pensar, que tú también lo puedes hacer."

Albert Costa

Éste fue un tiempo crítico para la historia del tenis español, y quizás el verdadero comienzo de la era moderna de dominio español la Armada Española que el mundo conoce tan bien. Los últimos veinte años han dado origen a numerosos grandes tenistas españoles y muchos ganadores de Grand Slam como: Bruguera, Correjta, Moyá, Ferrero, Albert Costa y más recientemente, Rafael Nadal (uno de los más grandes de todos los tiempos) Verdasco, Almagro, Lopez y otros. Entonces, ¿quién era realmente responsable del surgimiento de la Armada Española?

Lluis Bruguera y Pato Alvarez estaban en las trincheras en los 80 y en los 90 construyendo los cimientos:

"En 1993, Sergi Bruguera fue el primer español que ganó un título de Grand Slam desde Orantes en 1975, con su triunfo en Roland Garros, y si bien era indudablemente el líder de su generación, lo apoyaron otros jugadores como el finalista de 1994 de Roland Garros, Alberto Berasategui, ex campeón en Roma, y el No. 7 del mundo Emilio Sánchez, y el ex No. 10 del mundo Carlos Costa. Este tipo de éxito no fue casualidad, y estos entrenadores trabajando con estos jugadores fueron aquellos a quienes muchos atribuyen el haber sembrado las semillas de esta Armada Española de talentos.

"En esa época había jugadores como Sergi Bruguera y Emilio Sánchez y sus entrenadores, Pato Alvarez y [el padre de Sergi] Lluis Bruguera, quienes crearon la sensación de que trabajando como lo hacían, era posible lograr mejores resultados a nivel internacional", explica José Perlas actual entrenador de Almagro. "Los jugadores de nivel inferior, como yo me consideraba en ese momento, comprendimos y aprendimos que estábamos creando un sistema y comenzamos a creer que era posible obtener realmente buenos resultados. Como esos entrenadores trabajaban con jugadores más juveniles, también se logró una segunda generación ; Alex Corretja, Albert Costa, Carlos Moyá y Felix Mantilla junto con muchos otros en ese momento'"

En los 90 los entrenadores más jóvenes también participaron de la generación de éxito siguiente. Jofre Porta lideró el ascenso de Moyá hacia la dominación.

Sería una pena, sin embargo, olvidar la corrida de Moyá hacia la final de Melbourne en 1997, que debe haber ayudado a otros jugadores españoles a creer que era posible lograr éxito en un gran torneo fuera de París. El ascenso de Moyá a la cima de la clasificación de individuales en 1999 fue el primer tenista español en lograrlo es un testamento de su adaptabilidad. Es imposible ser el mejor jugador del mundo si no puedes jugar bien en todas las superficies, especialmente en canchas de tierra batida y duras, dada la proliferación de torneos que se juegan en esa superficie.

"Carlos es uno de los más grandes deportistas que hemos tenido," insiste Nadal. "Es una gran persona y ha sido un gran ejemplo para todos nosotros. Fue un pionero cuando fue el primer No. 1 del mundo de España y he tenido la suerte de conocerle".

Antonio Martinez ayudó a desarrollar el juego de campeonato de Ferrero.

"Juan Carlos Ferrero siguió los pasos de Moyá cuando cuatro años después llegó a No. 1 del mundo durante ocho semanas durante el otoño del hemisferio norte de 2003, y si bien no hay duda de que Ferrero estaba en su mejor momento en tierra batida, habiendo obtenido el título de Roland Garros en esa misma temporada, vale recordar que fue también finalista en el Abierto de los Estados Unidos ese mismo año.

Cuando un español cercano a ti alcanza el No. 1 piensas para tí mismo que si tienes un nivel similar también puedes alcanzar la cima", dijo Ferrero. "Para el tenis español, Carlos fue el primer No. 1 y abrió el camino para otros como Rafa y yo, quienes aprendimos mucho de él." …

"…se presta más atención a la formación de deportistas superiores que a la produccción de metrónomos metódicos."

España ha tenido un éxito increíble en los últimos 40 años desarrollando jugadores nacidos en España, pero muchos no se dan cuenta de cuántos grandes campeones no españoles España ha producido durante ese mismo período.

Pancho Alvariño y José Altur de TennisVal Academy en Valencia, han contribuido con la formación de jugadores extranjeros como Marat Safin, Dinara Safina, e Igor Andreev, junto con el talento local de David Ferrer. El inglés Andy Murray y el canadiense Milos Raonic también han sido grandes defensores del entrenamiento en España y vivieron alli y entrenaron durante sus años de formación. Innumerables jugadores extranjeros de toda Europa y aún de más allá, acuden a España para desarrollar su tenis.

Robredo—otro exitoso producto del sistema español.

Comprender la historia del tenis español me ha dado una profunda apreciación de cuán potente y exitoso ha sido el sistema, y explica la gran mejora de los jugadores españoles dentro de las clasificaciones profesionales.

Ha habido un gran cambio en los protocolos de entrenamiento y han producido un increíble éxito en el escenario internacional, para un país tan pequeño con una población moderada.

Es importante destacar las influencias fundamentales de la guardia vieja, leyendas del tenis español. Lluis Bruguera y Pato Alvarez. Pareciera que todos los entrenadores más jóvenes que he entrevistado mencionan a Pato y a Lluis, su trabajo y el sistema que crearon, y, si bien son separados y diferentes, mantienen muchos elementos en común. Los perfiles de Pato y Lluis se presentan en el Capítulo 7.

Lo que logró España en los últimos 30 años es realmente un milagro, y el observador de tenis astuto querrá ansiosamente comprender cuáles son las claves para el éxito del sistema español. Los siguientes capítulos detallan esos secretos del tenis español, según los he distinguido y extraído.

[Todas las citas en bloque de James Goodall's "Spain's Generation Game," www.atpworldtour.com (August 2012)]

* Parte I: Los Secretos *

Los Secretos del Tenis Español son los elementos centrales clave que he observado en todo el país a través de las diferentes academias líderes y los diferentes entrenamientos. Son la esencia del Modo Español, si el Modo Español puede definirse de manera efectiva como un sistema universal.

He tratado de armonizar los muchos, variados y desconectados enfoques que se encuentran en el país dentro de elementos sencillos que todos los entrenadores, padres y jugadores del mundo puedan aprender y asimilar para sus propios sistemas de entrenamiento.

Los elementos centrales españoles son versátiles y fácilmente adaptables o transportables a otros sistemas, y realmente, ésto es parte de su valor inherente. Los secretos son notablemente tan fáciles de asimilar que he notado que el Modo Español es como la religión budista, que se diseminó históricamente rápidamente por Asia y el resto del mundo gracias a su facilidad de asimilación y adaptabilidad a otras religiones.

El hecho es que los sistemas que tienen un dogma fuerte e intenso, sea religioso o de otro tipo, no suelen diseminarse tan fácilmente como los métodos que tienen cierta flexibilidad y no buscan suplantar totalmente a otros sistemas.

He hecho todos los esfuerzos por destacar los puntos en común del Modo español que puedan fácilmente adaptarse a sistemas actuales para proporcionar apoyo suplementario, aunque, por supuesto, estos principios se podrían utilizar para suplantar su actual sistema de entrenamiento en su totalidad.

También es importante comprender que estos seis secretos, si bien se pueden enseñar como temas independientes, suelen estar integrados dentro de ejercicios completos en España.

Una de las características del modo español, en general, es que los entrenadores trabajan de manera sencilla, sin sobre enfatizar un área, como la técnica, por ejemplo.

Muchos de los ejercicios que se destacarán en este libro trabajan muchos elementos del juego del jugador de un modo integral y holístico técnico, táctico, físico y mental todo en un sólo ejercicio combinado.

España ha desarrollado un estilo de entrenamiento que es exitoso, en parte, gracias a su enfoque holísitco de "manténlo simple".

En un esfuerzo por tratar de explicar la filosofía y los sistemas españoles, he desglosado el enfoque en diferentes partes, pero el lector debe recordar que el Modo español suele enseñar estos seis secretos centrales, todos de una vez, en ejercicios integrados, muchos de los cuales se detallan en los capítulos siguientes.

"Sin equilibrio un jugador no puede ser consistente
y perderá confianza..."

-Lluis Bruguera

Capítulo 1:
Trabajo de pies, Movimiento y Equilibrio

El juego de pies es una obsesión para los entrenadores españoles, y para muchos entrenadores sudamericanos. Las mejores academias y entrenadores implacablemente ejercitan a sus jugadores para que se muevan rápidamente y con fluidez y que se coloquen en posición.

¿Por qué el trabajo de pies se ha transformado en una obsesión dentro de los círculos de entrenadores españoles? Lo primero que pienso es que tiene algo que ver con la cultura

Europea que tiende a focalizarse en jugar con los pies más que con las manos (considerar la popularidad del fútbol en Europa y la de béisbol en Estados Unidos), y con una cultura del tenis que festeja correr y triunfar en la roja tierra batida en donde el juego de pies es fundamental para ganar. La superficie de tierra batida es como un segundo maestro, ayuda a entrenar el movimiento y el equilibrio aún sin los consejos o ejercicios del entrenador.

Cualquier entrenador español que se precie de tal tendrá una cantidad de ejercicios de trabajo de pies (usualmente por medio de la alimentación manual) que pueda utilizar para ayudar a los jugadores con el trabajo de pies y posicionamiento (usaré las expresiones trabajo/juego de pies y posicionamiento de manera indistinta en este capítulo y muchos de estos ejercicios de trabajo de pies se incluirán al final).

Debo admitir que mi propio entrenamiento ha mejorado mucho estudiando el trabajo de pies en el exterior en las academias españolas líderes, durante estos últimos años. He aprendido las claves para el posicionamiento, moviéndose rápidamente con equilibrio, y recuperando, y he rescatado por ahí, muchos ejercicios únicos y super. Ciertamente, en los Estados Unidos ya soy una especie de experto líder en trabajo de pies y movimiento, con los jugadores que vienen de todo el país a entrenar conmigo. Y muchas, pero no todas las destrezas que enseño en mi sistema de trabajo de pies están basadas en el sistema español.

Me enorgullezco de la influencia española en mi sistema pues creo que los entrenadores españoles han desarrollado algunos enfoques pedagógicos y ejercicios importantes para el desarrollo de esta área clave. Creo que todos los entrenadores podrían aprender a enseñar movimiento y trabajo de pies mejor, estudiando el modo español.

Para comenzar a explicar los secretos del trabajo de pies me gustaría comenzar explicando lo que buscan los entrenadores españoles cuando el jugador se mueve.

Equilibrio

Un jugador necesita moverse con fluidez, con equilibrio dinámico y tener una buena postura. La postura es muy importante para el entrenador español. Controlar el centrode gravedad es también muy importante.

Juan Carlos Ferrero demostró gran equilibrio y estabilidad durante la fase de golpeo.

Los entrenadores españoles están entrenados para buscar desequilibrios cuando el jugador está en movimiento, durante el tiro y en la recuperación. Algunas veces el jugador debe cambiar su centro de gravedad para moverse más rápidamente hacia un tiro (por ej. cuando corre hacia una pelota abierta), pero en general, y especialmente durante el tiro mismo, el cuerpo debe estar centrado. La rotación se debe realizar alrededor de un eje central.

El equilibrio perfecto y la postura se logran con un buen posicionamiento.

En primer lugar, los entrenadores españoles buscan el punto de contacto en la altura correcta. En España, la directiva más frecuente para describir esto es: "golpea la pelota entre tu cadera y tu hombro". En otras palabras, no dejes caer la pelota debajo de tu cadera ni que bote sobre tus hombros cuando esté fuera de la zona de golpeo (para usar una palabra del béisbol de Estados Unidos).

Rafa demuestra un punto de contacto ideal entre la cadera y los hombros.

Por lo tanto, la altura de la pelota golpeada debe ser entre la cadera y el hombro para la mayoría de los tiros.

Segundo, la distancia desde el cuerpo hasta el punto de contacto, debe ser tal que el los brazos extendidos de manera correcta para que no se amontonen, y el os brazos, no queden demasiado cerca del cuerpo. Esto se relaciona mucho con la meta técnica de la buena extensión, que describí ampliamente en mi último libro, La Biblia de la Técnica de Tenis.

Nadal demuestra una perfecta extensión a través del contacto y un punto de contacto perfecto entre la cadera y la altura del hombro.

Fantástica extensión de Rafa.

Tercero, el cuerpo debe estar en posición tal que la pelota se juegue temprano, afuera y delante. Una de las frases más comunmente utilizadas en España para la enseñanza del trabajo de pies es probablemente: "pon [tu cuerpo pies] detrás de la pelota," que utilizan los entrenadores para instruir a sus jugadores para que logren la posición con sus cuerpos de manera que la pelota se pueda jugar afuera y delante.

Cuando se cumplen estos tres criterios, el entrenador español estará contento pues el cuerpo tiene más probabilidades de estar en equilibrio durante la realización del tiro si el punto de contacto es correcto.

Sin embargo, si el punto de contacto no es correcto, aún si falta un criterio, el jugador probablemente perderá control de su centro de gravedad y quedará fuera de equilibrio para el tiro.

Por lo tanto, hay una conexión crítica entre el punto de contacto, el equilibrio, y el trabajo de pies, se entrelazan y conectan entre sí.

Finalmente, el posicionamiento de los pies del jugador determina si el punto de contacto es bueno, y por lo tanto, si el tiro estará en equilibrio o no.

Los entrenadores españoles se obsesionan con el posicionamiento, pues, sin él, el punto de contacto suele ser malo y generalmente el equilibrio es deficiente.

Posicionamiento

El posicionamiento en España significa clásicamente llegar a la pelota y poner los pies en una buena posición, la distancia correcta con la pelota, de manera de permitir un cuerpo en buen equilibrio durante el movimiento de preparación.

El posicionamiento también puede significar posición en la cancha (como cuando el jugador está jugando profundo en el fondo de la cancha o cerca de la línea de fondo). En este caso, los entrenadores españoles guían a los jugadores para que estén en la posición correcta para atacar o defender, dependiendo de la situación y del tipo de pelota golpeada por el adversario.

La posición, según la primera definición, se puede considerar como el trabajo de pies utilizado para "recibir la pelota", es una frase comúnmente usada en la enseñanza del tenis español. Recibir la pelota significa poner los pies en la posición correcta para permitir una buena recepción en equilibrio de la pelota entrante, como el jugador en campo abierto que vuelve detrás de una pelota voladora (para utilizar otra analogía de béisbol).

Así es, en España existe esta obsesión por lograr un trabajo de pies correcto durante el vuelo de la pelota entrante, para aprender a recibir dicha pelota correctamente, en buena posición, y luego enviarla con equilibrio.

En mi experiencia estudiando los sistemas de tenis en los Estados Unidos, sinceramente creo que nuestro programa de entrenamiento no dedica suficiente tiempo al trabajo de pies y a esta destreza especialmente crítica el posicionamiento como debería hacerlo.

Afortunadamente, José Higueras (un entrenador español muy conocido), como jefe de Entrenamiento de Alto Rendimiento de la Asociación de Tenis de los Estados Unidos (USTA) está trabajando arduamente para enseñar a los entrenadores de ese país a trabajar el juego de pies y el posicionamiento de sus jugadores. De hecho, el Departamento de Entrenamiento Elite de la Asociación de Tenis de los Estados Unidos (USTA) ha adoptado muchas filosofías españolas y muchos ejercicios para trabajo de pies dentro de su nueva metodología de enseñanza que se promueve entre los entrenadores de EEUU. La USTA también ha construido más canchas de tierra batida en sus centros nacionales de entrenamiento. ¡La USTA se ha volcado seria y completamente hacia el modo Español!

¿Qué posición (stance) deben adoptar los jugadores para llegar a la posición? En España, crease o no, muchas academias aún enfatizan la posición neutral básica (que considero casi un anacronismo en el juego moderno, pero la posición neutral tradicional es aún altamente favorecida y suele ser recomendada especialmente para los iniciantes, lo cual creo es un buen consejo. Bruguera Top Team y Sánchez-Casal, por ejemplo, son grandes defensores de este enfoque clásico. Aún enseñan la posición neutral y avanzar hacia la pelota como destreza fundamental del trabajo de pies.

Habiendo dicho esto, queda claro que la mayoría de los jugadores españoles evolucionan y utilizan las posiciones abiertas y semi abiertas, y las utilizan mucho en los más altos niveles de ITF y niveles profesionales, entonces estas posiciones son ciertamente aceptables para los jugadores de niveles más altos y pelotas situacionalmente anchas y abiertas en emergencia (por ejemplo).

La posición abierta se puede utilizar para lograr mayor rotación del cuerpo, y por lo tanto, mayor velocidad de raqueta, potencia, y efecto a medida que los jugadores avanzan de nivel. Pero, independientemente de la posición, el posicionamiento debe estar presente, y se debe mantener el equilibrio durante todo el tiro.

Rapidez y energía de movimiento

En España, la rapidez de movimiento es importante, pero yo diría que la energía la habilidad para hacer los movimientos una y otra vez con precisión es el estilo más fundamental de entrenamiento de trabajo de pies.

La enseñanza del trabajo de pies que he observado de un clásico entrenador de la "escuela española más vieja", como Pato Álvarez, tendía a enfatizar largos sets de movimientos rítmicos en lugar de cortos estallidos (Álvarez y su metodología de enseñanza se describen en el Capítulo 7, ver también en la revista Tennis Player el artículo "Dos Genios"), mientras que los entrenadores más jóvenes y más modernos como Jofre Porta, entrenador de Moyá junior y profesional, prefieren estallidos cortos de trabajo de entrenamiento de la rapidez en lugar de energía (stamina).

Entonces, quizás, en España, está ocurriendo un cierto "cambio de guardia", en el cual las técnicas de las leyendas como Pato y Lluis Bruguera, quienes construyeron la Armada Española, evolucionan a medida que los entrenadores relativamente más jóvenes, como Porta, asumen el centro de la escena. Esta evolución debe ocurrir en cada país, y con cada sistema a medida que nuevos gurúes toman mayor prominencia y las "leyendas" se esfuman o retiran.

Según mi experiencia viajando a algunas de las academias más famosas de España, la mayor parte del movimiento de entrenamiento español se mantiene más centrado en la energía con largos sets de repeticiones de 10 a 60 pelotas. Alvarez trabaja de este modo. Pero Porta, trabaja con un rango de repetición de 4 - 8 pelotas generalmente cuando entrena trabajo de pies, asi es que hay cierta variación dependiendo de cada entrenador individualmente.

El sistema de Lluis Bruguera funciona combinando ambas cosas, con mayor énfasis en el equilibrio y el posicionamiento que la pura rapidez, si bien tiene ciertos ejercicios de menor duración para la rapidez.

No me malinterpreten, el entrenador español desea movimientos de trabajo de pies rápidos, hábiles, ágiles, pero no creo que la mayoría de los entrenadores españoles estén sistemática y regularmente entrenando para mejorar la velocidad física, aunque se espera cierta mejora de velocidad de cualquier eficiencia técnica ganada.

Según mi opinión, cuando los ejercicios llegan al rango de repetición que supera las 10 pelotas, el jugador comienza a trabajar al sub máximo y aeróbicamente, en vez de al máximo y anaeróbicamente, que es de donde surge la mejora de la velocidad física, en la carrera total.

Por lo tanto, en el sistema clásico de trabajo de pies, la mejora de esta rapidez suele dejarse en manos del preparador físico, pero algunos entrenadores españoles parecen enfatizar el trabajo de rapidez en cancha como un método de entrenamiento regular.

En el sistema clásico de trabajo de pies, el entrenador entrena el equilibrio y posicionamiento rítmicamente y aeróbicamente, en lugar de anaeróbicamente piense en sets de 10 a 30 o más pelotas a intensidad media en lugar de 4 a 10 pelotas con intensidad alta.

De este modo, la energía se entrena claramente al msimo tiempo que el movimiento y el equilibrio. El jugador debe tener gran resistencia para realizar los movimientos una y otra vez con buena técnica de trabajo de pies y equilibrio. Por supuesto, el entrenamiento de la energía extra viene bien cuando el jugador tiene que enfrentar un duro tercer o quinto set en Roland Garros.

Anticipación/Reacción

La anticipación y la reacción son dos factores del movimiento y del trabajo de pies que se entrenan frecuentemente en España, y ambos, conbribuyen para la rapidez general.

A los entrenadores españoles les gusta entrenar los ojos para leer la situación, tomando la pelota temprano, anticipación y entrenar la conexión neuromuscular, la señal de reacción de los ojos al cerebro a los pies.

Según Lluis Bruguera, "Si antes de golpear la pelota, no anticipas, si abres ángulos y no cubres la cancha, es tu adversario quien tiene la ventaja." Para él, es obvio. "Obviamente, si estás en una buena posición para golpear el tiro, los resultados son completamente diferentes. Para llegar en esa posición, necesitas aprender dos cosas: leer (con los ojos) e ir."

Para entrenar la anticipación y la reacción, los entrenadores lanzarán la alimentación con la mano en patrones rápidos y aleatorios, y tratarán de disimular los lanzamientos para sorprender al jugador. El jugador se verá forzado a usar sus ojos para leer la mano del entrenador y para anticipar la próxima pelota alimentada. Jofre Porta es un maestro de este tipo de entrenamiento de trabajo de pies. También lo es Bruguera.

Daré algunos ejemplos de estos tipos de ejercicios al final del capítulo, y subiré los ejercicios a mi sitio de internet para que los vean los lectores.

Alimentación a mano

Dejando de lado las diferencias, en España, la alimentación a mano para los ejercicios de trabajo de pies parece estar universalmente aceptada, como la mejor manera de desarrollar el juego de pies y el equilibrio.

El entrenador tiene más control sobre la velocidad y los tiempos de la alimentación, puede comunicarse mejor con el jugador y puede ver la técnica de los movimientos más claramente estando cerca del jugador cuando alimenta a mano.

Movimientos a 360 grados

En España, el trabajo de pies se enseña con movimientos de 360 grados, y no sólo lateralmente y hacia adelante. Según mi experiencia, la mayoría de los entrenadores de Estados Unidos enseñan con movimientos de 180 grados laterales y hacia adelante para atacar.

Rafa Nadal es el prototípico corredor español, con gran velocidad, anticipación, trabajo de pies y posicionamiento, energía y deseo de llegar a todas las pelotas.

En España, los entrenadores parecen tener la obsesión con el movimiento defensivo, es decir, partir de la línea de fondo para pegar todos los tiros. La gran defensa es una de las características del tenis español, y, ciertamente, este libro contiene un capítulo completo dedicado a la defensa. Los entrenadores españoles comprenden que la defensa comienza con el gran trabajo de pies y con un deseo de dejar terreno, retroceder más profundo dentro de la cancha, lejos de la línea de fondo.

Los entrenadores españoles también pasan mucho tiempo trabajando en las transiciones hacia adelante y atrás desde una posición defensiva hacia una posición ofensiva, o de ofensiva a defensiva. Los jugadores españoles aprenden a moverse con fluidez, no solamente lado a lado sino hacia adelante y atrás lo cual ayuda para sus habilidades de transición.

Citando a Fernando Luna, "Creo que el sistema más importante del tenis español es primero el trabajo de pies (moverse con mayor anticipación cuando viene la pelota, estar en posición perfecta para mayor aceleración y mayor control), la velocidad, la aceleración de la raqueta (tomamos la raqueta muy fuerte con los dedos, pero la muñeca relajada como Nadal), y también ser jugadores muy consistentes."

Una selección de ejercicios españoles clásicos y modernos para el trabajo de pies. Los videos y demostraciones completas están disponibles en línea. Invito a los lectores a visitar www.secretsofspanishtennis.com y nuestra página de Youtube donde encontrarán explicaciones más completas de los matices de los ejercicios siguientes y me verán demostrar los ejercicios con mis alumnos.

Ejercicios de doble ritmo estilo Pato Álvarez

El Defensivo V

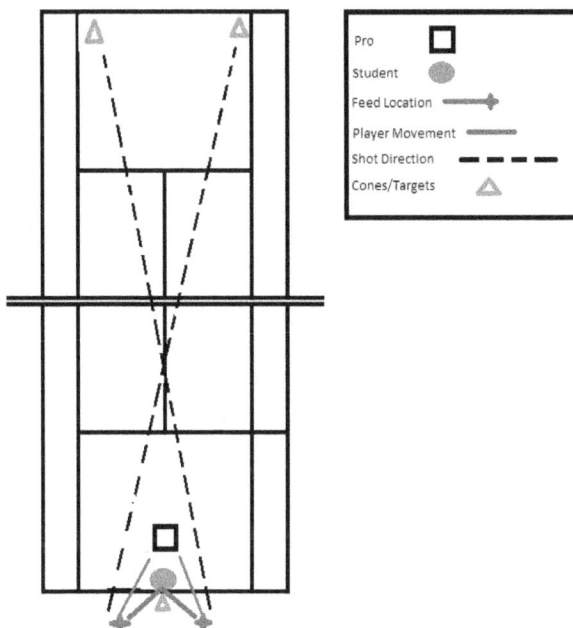

Pro	☐
Student	●
Feed Location	➡
Player Movement	▬▬
Shot Direction	▬ ▬ ▬ ▬
Cones/Targets	△

Objetivo:

Para entrenar el equilibrio defensivo y la estabilidad de las piernas utilizando la técnica de "doble ritmo" para el trabajo de pies. Tomar la posición "detrás de la pelota entrante", y cargar el cuerpo de manera efectiva son partes muy importantes de este ejercicio de trabajo de pies.

El trabajo de pies y el equilibrio (pies) se pueden aislar o el entrenador puede trabajar más holísticamente sobre la técnica de la forma del movimiento de preparación (manos) y la táctica (ojos y mente) simultáneamente.

Detalles Clave:

• Base amplia y paso de doble ritmo arrastrando los pies; Álvarez no aconseja los pasos cruzados, pero algunos entrenadores modernos como José Higueras han agregado el paso cruzado al primer movimiento. La pelota se puede alimentar a mano o con la raqueta.

• Cargar la pierna posterior para alentar las fuerzas de reacción del suelo pero tratando de no saltar hacia   atrás a menos que se vea forzado.

• Tomar la pelota entre la cadera y el hombro y delante el punto de contacto es crítico.

• Se puede alimentar a mano o con la raqueta.

Repeticiones: 20-60 pelotas continuamente para la energía.

Pato Alvarez Ataque V

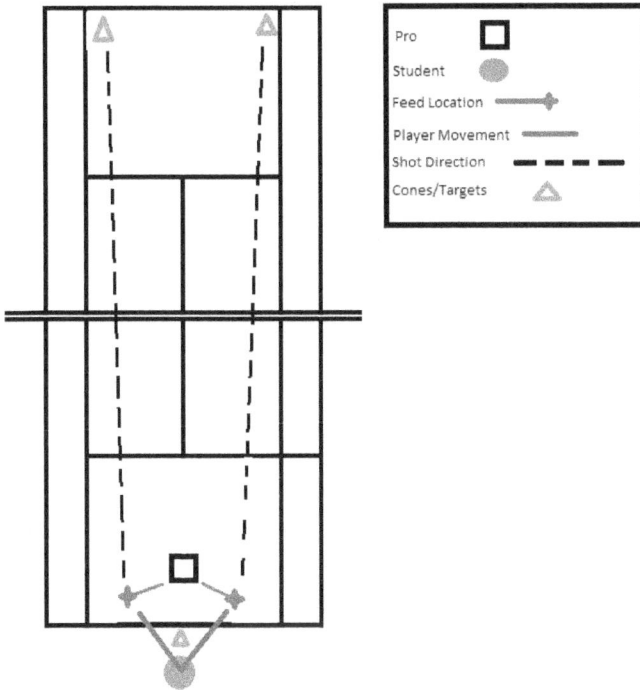

Objetivo:

Para entrenar el equilibrio ofensivo y la estabilidad de las piernas utilizando la técnica de "doble ritmo" para el trabajo de pies. Tomar la posición "detrás de la pelota entrante", y cargar el cuerpo de manera efectiva, son partes muy importantes de este ejercicio de trabajo de pies.

El trabajo de pies y el equilibrio (pies) se pueden aislar o el entrenador puede trabajar más holísticamente sobre la técnica de la forma del movimiento de preparación (manos) y la táctica (ojos y mente) simultáneamente.

Detalles Clave:

• Moviéndose hacia adelante, (Pato enfatiza el doble ritmo) transferir el peso desde la pierna de atrás hacia la delantera durante el ataque para mayor potencia lineal.

• En la recuperación, pivot interno y arrastrar nue vamente hacia la posición inicial conocida como la "casa".

• Posicionándose detrás de la pelota, tomando la pelota entre la cadera y el hombro y delante para manejar mejor el posible punto de contacto.

• Se recomienda el ataque con salto del pie delantero (ver demostración en línea).

• Se puede alimentar a mano o con la raqueta.

Repeticiones: 20-60 pelotas continuamente, ejercicio concentrado en la energía.

Ataque y Defensa Media X de Pato Alvarez

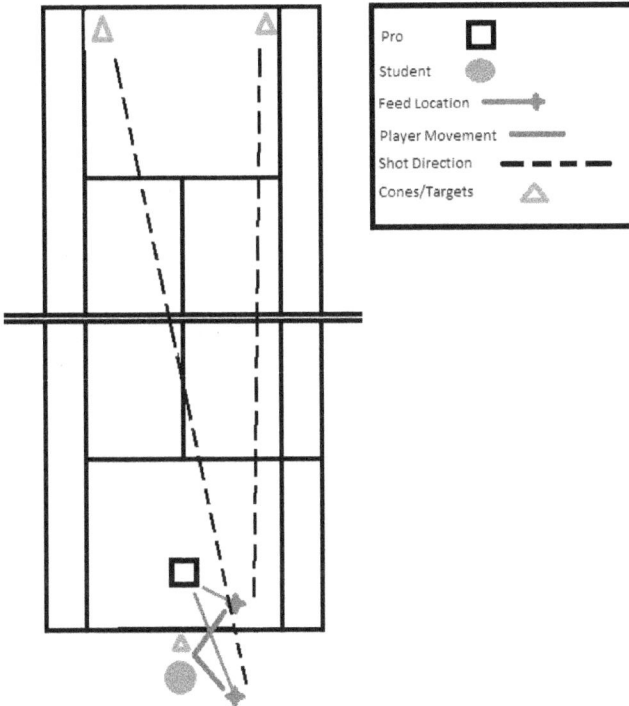

Objetivo:

Para entrenar el equilibrio defensivo y ofensivo, combinando movimiento y trabajo de pies. La media X aisla, o bien el golpe de derecha o el revés para un trabajo más focalizado.

Detalles Clave:

• En el movimiento hacia atrás, la profundidad del tiro es importante para lograr una efectiva "defensa agresiva".

• Es importante cargar el peso en la pierna posterior para estabilizar el cuerpo y estimular las fuerzas de reacción del suelo.

• Moviéndose hacia adelante, (Pato enfatiza el doble ritmo) transferir el peso desde la pierna de atrás hacia la delantera durante el ataque para mayor potencia lineal.

• El sistema Bruguera permite otros patrones de trabajo de pies además del doble ritmo exclusivamente.

• Posicionándose detrás de la pelota, tomando la pelota entre la cadera y el hombro y delante para manejar mejor el posible punto de contacto.

• Se puede alimentar a mano o con la raqueta.

Repeticiones: Generalmente, 20 pelotas o más, continuamente, ejercicio centrado en la energía.

Ejercicios estilo José Higueras y Jofre Porta: Trabajar para la Lectura, Reacción y Anticipación.

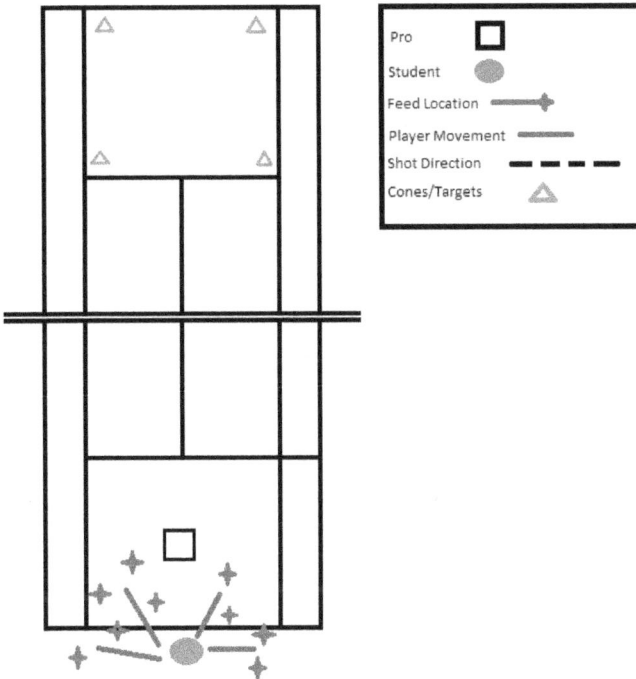

Objetivo:

Trabajar primero de manera aislada los ojos (lectura), la mente (reacción y anticipación) y los pies (trabajo de pies, equilibrio y posicionamiento).

Detalles Clave:

• Usar alimentaciones rápidas y aleatorias para desafiar las habilidades de lectura y de reacción del jugador.

• Concentrarse en tomar la posición rápidamente detrás de la pelota con equilibrio y estabilidad.

• El jugador debe concentrar los ojos en el lenguaje corporal del entrenador y la liberación de la pelota para entrenar el rastreo (habilidades de lectura) y desarrollar la anticipación técnica.

• Alimentación manual

Repeticiones: 5-10 pelotas concentrándose en cortos estallidos de rapidez.

Ejercicios de rapidez de Jofre Porta utilizando la cuerda de resistencia.

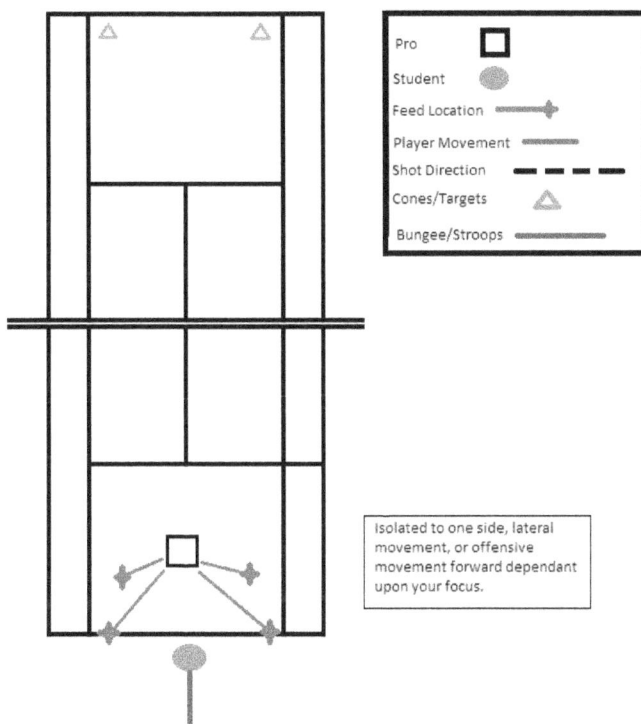

Pro	□
Student	⬤
Feed Location	━━━━◆
Player Movement	━━━━
Shot Direction	━ ━ ━ ━
Cones/Targets	△
Bungee/Stroops	∞∞∞∞

Isolated to one side, lateral movement, or offensive movement forward dependant upon your focus.

Objetivo:

Este ejercicio utiliza alimentaciones rápidas, aleatorias o con un patrón para entrenar los ojos, la mente y los pies. A Porta le gusta agregar resistencia con la cuerda elástica como desafío adicional para el equilibrio y la estabilidad. El juego español es un juego de correr y los entrenadores quieren que los jugadores se muevan rápidamente y con buen equilibrio, por lo tanto, entrenan estas áreas frecuentemente.

Detalles Clave:

• Las alimentaciones pueden ser laterales, hacia adelante y atrás o una combinación.

• Asegurarse de usar un peso de resistencia adecuado de acuerdo con el tamaño y la fuerza del jugador.

• Concentrarse en el equilibrio y estabilidad durante la ejecución del tiro, y en la buena técnica de recuperación.

• El entrenador puede sorprender al jugador con alimentaciones aleatorias para desafíar la lectura, anticipación y reacción.

• Generalmente alimentación manual.

Repeticiones: 5-10 concentrándose en cortos estallidos de velocidad y equilibrio.

Ejercicios de movimiento de emergencia de Bruguera (con o sin uso de la cuerda de resistencia).

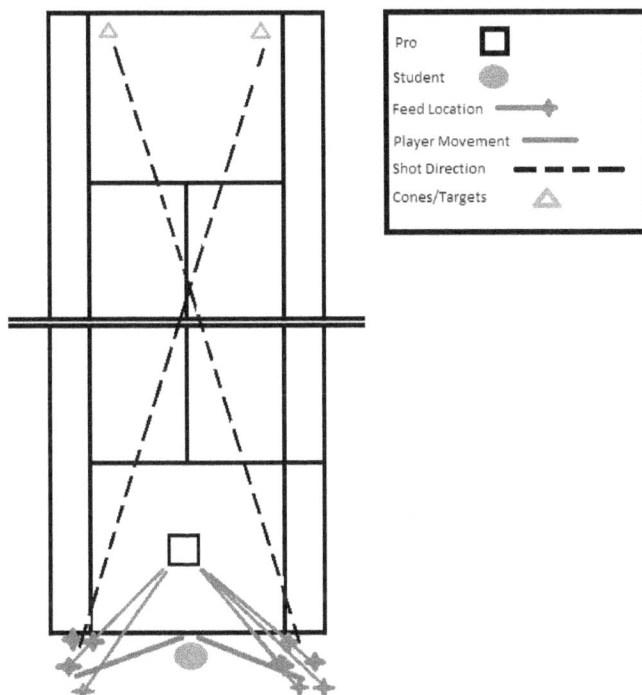

Objetivo:

Entrenar el movimiento lateral defensivo de emergencia en la diagonal. En general, los españoles creen que los jugadores deben retirarse hacia atrás para absorber un tiro de ataque.

Detalles Clave:

• Los jugadores deben trabajar el deslizamiento en este tiro de emergencia siempre que sea posible.

• El entrenador puede aislar o el lado de la derecha o del revés o combinar ambos lados.

• Se puede introducir alimentaciones aleatorias para desafiar las habilidades de lectura, reacción y anticipación.

• Fuerte recuperación después de realizar el tiro.

• Mucho liftado defensivo a las zonas seguras de la cancha.

• Generalmente, alimentación manual.

Repeticiones: 6-10 repeticiones

Movimiento lateral estilo Bruguera

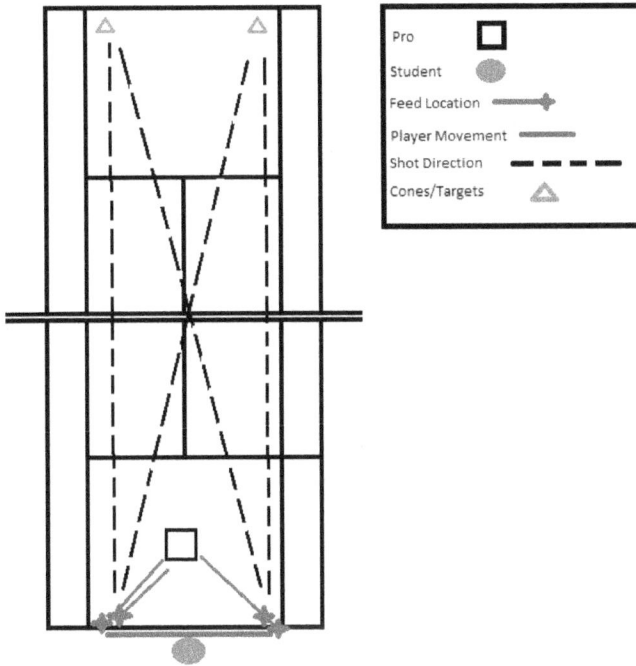

Objetivo:

Trabajar el correr tiros o peloteos defensivos bajo presión. Este ejercicio entrena al jugador en la corrida completa en una situación peligrosa.

Detalles Clave:

• El jugador debe moverse rápidamente a la posición detrás de la pelota manejando un buen punto de contacto.

• Es importante lograr buena estabilidad y transferencia de peso en el momento del tiro.

• Es clave la recuperación inmediata para el próximo tiro.

• Deslizarse hacia el tiro no después del tiro para mejorar la eficiencia del movimiento y el tiempo de recuperación.

• Generalmente, alimentación con raqueta, desde el otro lado de la red, para incrementar el realismo y la velocidad de la pelota.

• El entrenador puede incrementar el tempo para desafiar a los jugadores más avanzados.

Repeticiones: 5-10 para trabajo anaeróbico o 20 o más para trabajo aeróbico.

Ejercicio de reacción de Bruguera

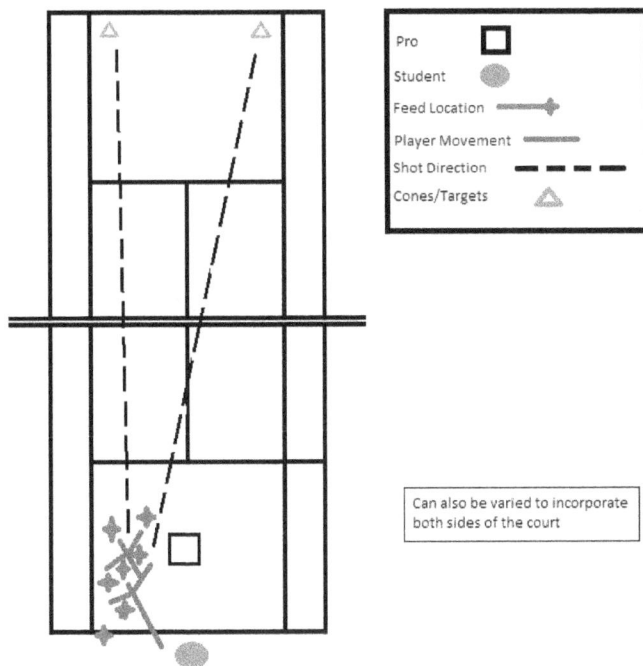

Objetivo:

El objetivo del ejercicio es trabajar la lectura, reacción y anticipación del jugador, y su trabajo de pies, equilibrio y posicionamiento. Este ejercicio también pone énfasis en el equilibrio.

Este ejercicio se puede usar también más holísticamente combinando la consciencia técnica y táctica y la selección de tiros dentro del ejercicio.

Detalles Clave:

• El entrenador lanza pelotas aleatorias hacia adelante y atrás desde la mitad de la cancha.

• El jugador debe leer la situación, reaccionar rápidamente a la pelota entrante y posicionarse con equilibrio y estabilidad, recibiendo la pelota con un buen punto de contacto.

• Se debe alentar al jugador para que trate de leer el lenguaje corporal del entrenador y que anticipe el próximo lanzamiento aleatorio.

• Alimentación manual

Repeticiones: 10 o más dependiendo del sufrimiento que se desee.

Esta es una selección de ejercicios que mejorarán terriblemente la reacción, el rastreo de la pelota, las habilidades para el movimiento multi direccional y el equilibrio. El enfoque español para trabajo de pies es el mejor del mundo.

Tanto entrenadores, como padres y jugadores pueden aprender mucho del Modo Español y pueden incorporar los ejercicios españoles mostrados aquí en sus programas de entrenamiento de manera general o, de manera específica adaptando los ejercicios a las necesidades del jugador.

En el sitio www.secretsofspanishtennis.com o en nuestra página de Youtube se encuentran videos adicionales con trabajo de pies.

"Creo que la aceleración es lo más importante...
puedes jugar con ritmo y esto y lo otro, pero al final
la pelota corre y tienes que ir rápido."

--Albert Costa, Campeon del Abierto Francés

Capítulo 2:

Lograr una Pelota Pesada: El desarrollo de la velocidad de la raqueta

Los entrenadores españoles están obsesionados con la velocidad de la raqueta y creo que el modo español de desarrollar una pelota pesada, y en particular, un gran golpe de derecha pesado, es verdaderamente único, notable e importante.

Todos los entrenadores pueden aprender muchísimo sobre cómo construir golpes de fondo grandes y pesados a partir del sistema español.

He escrito sobre la forma en que los entrenadores españoles desarrollan el golpe de derecha, en la revista Tennis Player (ver el artículo "Construcción del golpe de derecha estilo español") y el desarrollo de la velocidad de la raqueta ("Two Geniuses"). Por favor, para mayor información, leer estos artículos en www.tennisplayer.net.

Sergi Bruguera cambió el juego español con su impresionante velocidad de raqueta. Lluis, su padre y entrenador, dijo, "Cambió mucho con Sergi: Cambié completamente el estilo de la práctica y cómo jugar." Él se preguntaba: "Cómo, sin potencia, la pelota de Sergi y la pelota de los jugadores españoles puede ir más rápido... No con potencia en el cuerpo o en el brazo, sino con la raqueta?". Bruguera desarrolló ejercicios para entrenar a sus jugadores para lograr la velocidad de la raqueta como su hijo Sergi. El golpe de derecha de Rafael Nadal se construyó exactamente con el mismo molde que el de Sergi indudablemente con gran influencia del sistema de entrenamiento de aceleración de Bruguera.

El feroz golpe de derecha de Nadal registra las más elevadas RPM del circuito.

Primero y principal, lo más importante que tienen los españoles para desarrollar pelotas pesadas es la lenta y roja tierra batida europea. Si no has jugado nunca en tierra batida, en España, las canchas son muy lentas y obligan al jugador a hacer un rápido movimiento de preparación para que la pelota pase sobre la red, y aterrice profunda dentro de la cancha. Además, las pelotas se humedecen mucho y la tierra batida se pega sobre ellas forzando al jugador a un movimiento de preparación más rápido que en las canchas duras, para pasar esa pelota pesada al otro lado de la red.

Las canchas de tierra batida son un segundo maestro, ayudan a entrenar a los jugadores sobre la necesidad de la velocidad de raqueta. Como tomar la pelota cuando sube no es consistentemente una opción viable en tierra batida (debido a los malos botes), los jugadores se ven forzados a dejar caer la pelota en la zona de golpeo (perdiendo energía en el recorrido) y, por lo tanto, deben generar su propio ritmo en lugar de utilizar la energía de la pelota tomándola cuando sube.

Entonces, la tierra batida es una gran ayuda para el entrenador español, y le ayuda a construir un gran látigo. (Bruguera describe "cómo la raqueta puede hacer más velocidad, como un lazo que se mueve muy rápidamente...") . Pero, éste es sólo el comienzo en España. Los españoles han desarrollado este gran sistema de ejercicios para desarrollar el látigo y la velocidad de la raqueta para el tiro, además de los beneficios de la velocidad de la raqueta que se adquieren al entrenar en tierra batida. Los ejercicios de Bruguera "En cesto, con la mano, con la volea", todos trabajan sobre esta destreza fundamental."Traté de imaginar cómo mis jugadores pueden lograr mayor velocidad de raqueta sin potencia", dice. "Con la potencia del adversario... La muñeca, la raqueta, el brazo y la transferencia del cuerpo: Esto te da más potemcia que ninguna otra cosa."

Cuando se logra integrar la superficie, los ejercicios, y los alumnos recuerdan hacer rápidamente el movimiento de preparación, el resultado es un sistema que sinérgica y consistentemente produce jugadores que pegan golpes de fondo grandes y pesados. La pelota pesada en España, no es meramente un accidente o la consecuencia del ADN de un jugador, se ha desarrollado de manera activa y sistemática.

Creo que otros países deberían adoptar la misma filosofía y los ejercicios de los entrenadores españoles para que sus jugadores puedan golpear más pesado, una de las claves del éxito en el circuito profesional moderno. Aún sin la roja tierra batida, la pelota pesada puede lograrse si se la nutre bien con los ejercicios y recordatorios adecuados. Por supuesto, la tierra batida ayuda.

Una pelota pesada es un tiro profundo y penetrante, con potencia Y efecto, no sólo ritmo. El peso del tiro viene del componente de efecto agregado a la potencia y a la profundidad.

Algunas veces los jugadores de otros países pegan grandes golpes de fondo, pero suelen ser más planos, con menor margen de error, y los tiros no saltan fuera de la cancha con tanto peso. ¿Qué jugador no desearía más efecto para la regularidad, y la habilidad de lograr mejores ángulos sin sacrificar la potencia? Ese es el tipo de golpes de fondo que construyen los españoles. El golpe de derecha de Pete Sampras era espectacular, pero el de Rafa es mejor y más versátil y con habilidad para dominar en todas las superficies.

Podría haber dedicado un capítulo entero de este libro al Gran Golpe de Derecha Español. En España, el estilo del golpe de derecha de Nadal o Verdasco, es también una obsesión. Los jugadores aprenden a correr consistentemente alrededor de su revés, aún si el revés es bueno, para romper el gran golpe de derecha. Esto es porque fisiológica y biomecánicamente, el golpe de derecha puede generar más potencia y efecto, lo que es necesario para ganar en tierra batida (pero también es útil en otras superficies).

El arma espectacular de Nadal.

Ciertamente, los entrenadores acuerdan que a los jugadores que entrenan en tierra batida les resulta más sencilla la transición a las canchas duras que a la inversa. Muchos de los mejores entrenadores creen esto, inclusive José Higueras. Sergio Casal dijo, en referencia al tenis español, "Los muchachos, aquí, todos juegan en tierra batida. Aún sin un sistema, te haces fuerte, te haces consistente. Creo que es importante comenzar a jugar aquí".

Una explicación es que un gran y pesado golpe de derecha y revés son muy positivos independientemente de con quien estés jugando o cuál sea la superficieuna sensación con la cual estoy de acuerdo. El golpe de derecha de Rafa es grandioso, no importa lo demás. ¿Quien no cambiaría su golpe de derecha por el de Verdasco? ¿Alguien diría que estos golpes de derecha son solamente buenos en tierra batida? No, este tipo de golpes de derecha españoles son versátiles, no dependen de la cancha de tierra batida, son solamente grandes tiros punto.

La increíble aceleración de raqueta de Nadal.

Ejercicios para desarrollar la velocidad de raqueta.

Los videos y demostraciones completas están disponibles en línea. Invito a los lectores a visitar www.secretsofspanishtennis.com y nuestra página de Youtube donde encontrarán explicaciones más completas de los matices de los ejercicios siguientes y me verán demostrar los ejercicios con mis alumnos.

Ejercicio para la volea con swing clásica

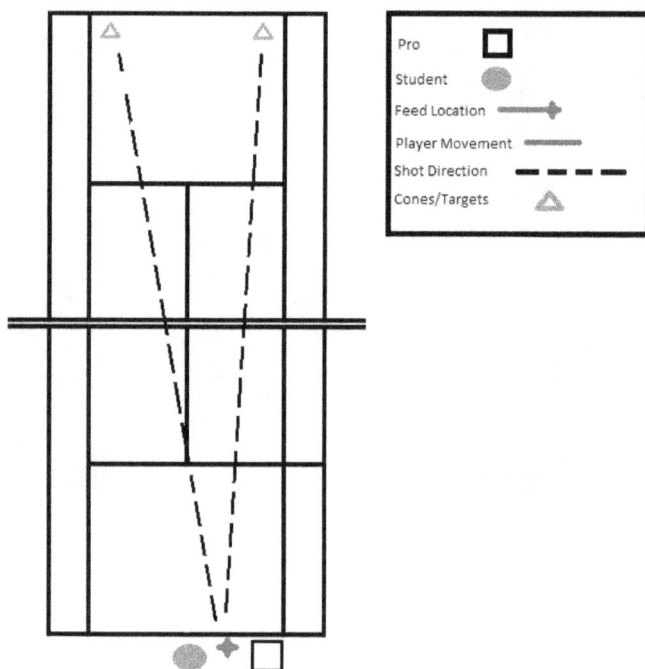

Objetivo:

Probablemente el ejercicio más famoso de España desarrollado por Lluis Bruguera, ha sido adoptado por muchos entrenadores del mundo, y en toda España se utilizan variaciones del mismo. El objetivo del ejercicio es entrenar la aceleración del brazo y de la raqueta para lograr una pelota fuerte, profunda y pesada que combine efecto y ritmo. Un beneficio secundario es desarrollar el tiempo para la volea con swing.

Detalles Clave:

• El jugador juega estas voleas rápidamente en sucesión desde la línea de fondo para crear un tiro profundo, pesado, con efecto y potencia.

• El entrenador alimenta a mano desde un lado.

• El brazo debe estar relativamente relajado para lograr mayor látigo.

• Bruguera enfatiza firmemente una posición de espera cerrada y el foco en la velocidad del brazo en lugar de una posición abierta.

• Carga adecuada y transferencia de peso a la pierna delantera.

• Buen equilibrio y la parte superior del cuerpo relativamente firme, el brazo pega como un látigo en la zona de contacto.

Repeticiones: Generalmente 8-12

La Raqueta de Bruguera Ejercicio de velocidad

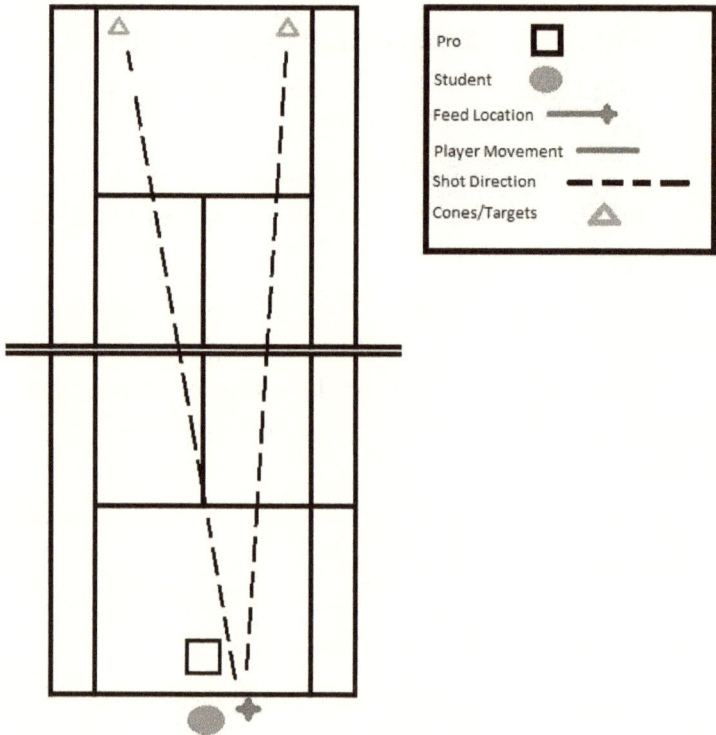

Objetivo:

El mismo propósito que el ejercicio anterior pero con la pelota pegada luego del bote, para desarrollar la gran aceleración de la escurridiza "pelota pesada" española.   Este ejercicio también mejora las habilidades de lectura (ojos) y la rápida reacción y preparación del cuerpo, a medida que la pelota llega con tempo más rápido.

Detalles Clave:

• El jugador juega los golpes de fondo rápidamente, en sucesión, desde la línea de fondo para crear un tiro profundo, pesado, con efecto y potencia.

• El entrenador alimenta a mano desde el frente e incrementa el tempo de los lanzamientos para sobrecargar el brazo.

• El brazo debe estar relativamente relajado para lograr mayor látigo.

• Bruguera enfatiza firmemente una posición de espera cerrada y el foco en la velocidad del brazo, en lugar de cargar una posición abierta.

• Carga adecuada y transferencia de peso a la pierna delantera.

• Buen equilibrio y la parte superior del cuerpo relativamente firme, y el brazo pega como un látigo en la zona de contacto.

Repeticiones: Generalmente 10-20

Pelota Pesada Agresiva de Defensa

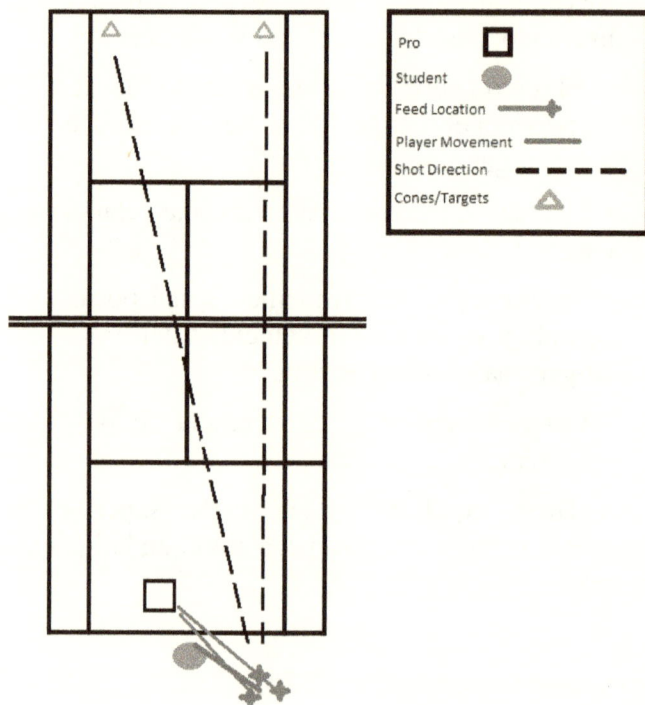

Objetivo:

Este ejercicio se utiliza para desarrollar el movimiento y la aceleración de la raqueta necesarios para golpear una defensa agresiva pesada, o un tiro de ataque de bote alto desde más profundo en la cancha.

Detalles Clave:

• Cargar la pierna posterior, utilizando las fuerzas de reacción del suelo.

• El brazo debe estar relativamente relajado para lograr mayor látigo.

• La carga y la transferencia de peso a la pierna delantera adecuadas, evitar, cuando sea posible, la posición abierta y caerse hacia atrás. Algunos entrenadores españoles modernos permiten posiciones más abiertas.

• Buen equilibrio y la parte superior del cuerpo relativamente firme, el brazo pega como un látigo en la zona de contacto.

• Tempo moderado y lanzamientos altos para que el jugador tenga tiempo de ajustar la posición antes de cargar y acelerar.

• Alimentar a mano o con la raqueta.

Repeticiones: 10-20

Voleas con swing the Bruguera

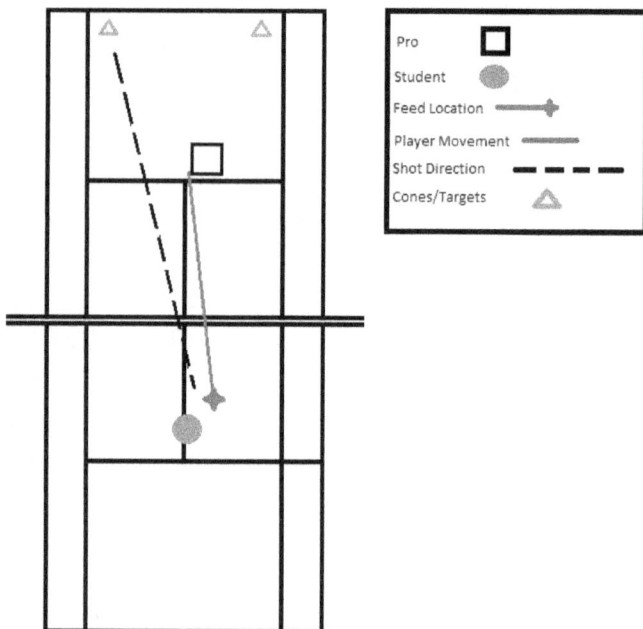

Objetivo:

Otro ejercicio de Bruguera para desarrollar la aceleración de la raqueta. Este ejercicio también mejora las habilidades de lectura (ojos) y la rápida reacción y preparación del cuerpo, a medida que la pelota llega con tempo más rápido.

El ejercicio trabaja el ataque con la volea con swing desde media cancha, lo que es importante desde el punto de vista táctico, especialmente en tierra batida, sin embargo, el propósito primario es cargar físicamente el brazo para lograr mayor aceleración.

El entrenador, si así lo desea, puede variar el énfasis de su enseñanza y hacer que el ejercicio sea más holístico que técnico.

Detalles Clave:

- El jugador golpea sucesivas voleas con swing con un tempo rápido, sirve para sobrecargar el brazo.

- El trabajo de pies y los ajustes son importantes para manejar el punto de contacto.

- El jugador debe mantener la parte superior del cuerpo relativamente quieta y "pasar el brazo" por la zona de golpeo lo más rápido posible.

- Bruguera enfatiza la posición neutral.

- Alimentación con raqueta.

Repeticiones: 8-12

La "Pared" de Pato Alvarez y Lluis Bruguera "Foco en todo golpe de derecha o todo golpe de revés

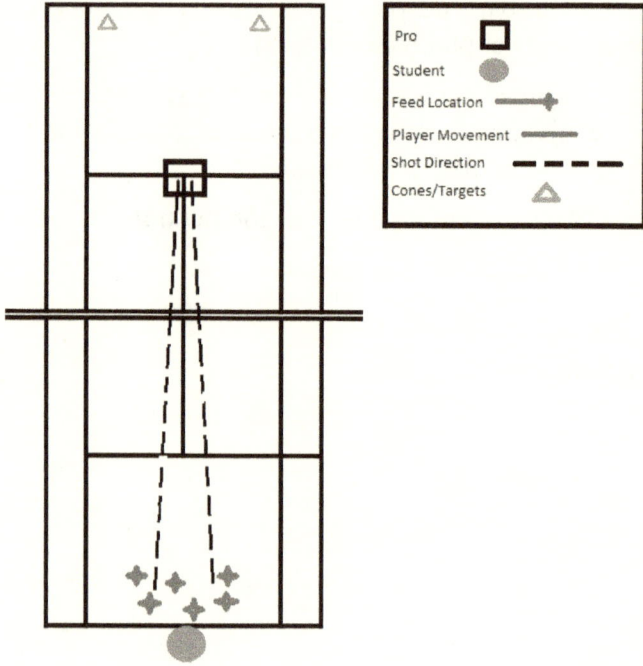

Objetivo:

Otro ejercicio muy famoso que se ve en toda España con muchas variaciones diferentes. El propósito principal, cuando se aísla un lado, es sobrecargar brazo(s) y piernas para desarrollar más fuerza y acelerar la velocidad de la raqueta, si bien el ejercicio es muy versátil y se puede utilizar para entrenar otras áreas, también se puede utilizar holísticamente (comentaré otras variaciones en capítulos posteriores).

Detalles Clave:

• El entrenador volea suavemente desde la red, lanzando la pelota alta al jugador. El jugador debe ajustar los pies y golpear una pelota pesada al pecho del entrenador, u otro objetivo que éste designe.

• El entrenador debe ser como una pared, que nunca pierde una volea y consistentemente devuelve la pelota al jugador, por lo cual el ejercicio requiere un alto nivel de habilidad para volear.

• Es importante que el jugador se concentre en lograr un punto de contacto perfecto y acelerar todo lo posible para crear una pelota pesada.

Repeticiones: 20 o más durante un tiempo determinado (2 o 3 minutos por ejemplo).

El látigo alto y el látigo bajo de Higueras

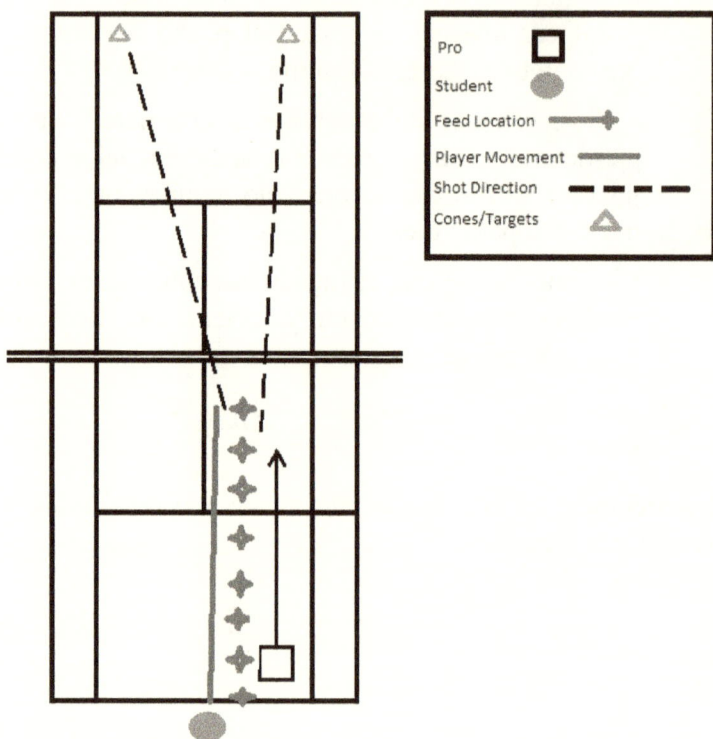

Objetivo:

Uno de los ejercicios que implementó José Higueras en el sistema de Desarrollo de Jugadores de la Asociación de Tenis de los Estados Unidos, utilizado para el desarrollo de la velocidad de raqueta y un movimiento flexible de muñeca/antebrazo para las pelotas con punto de contacto bajo.

Se dice que el ejercicio era uno de los favoritos de Rafa Nadal cuando era niño.

Detalles Clave:

• El entrenador alimenta a mano en rápida sucesión mientras avanza hacia la red.

• El jugador debe ajustar la posición y la parte inferior del cuerpo para lograr mejor punto de contacto y debe aplicar efecto a la pelota para pasar la red con mayor seguridad.

• Se debe poner énfasis en la aceleración y en la buena estabilidad del cuerpo.

• A medida que quien alimenta se acerca a la red, el jugador deberá utilizar más elevación y efecto muñeca/antebrazo.

Repeticiones: 8-10

Otros métodos suplementarios para construir armas útiles.

• Ejercicios de viento (movimiento sombra de preparación rápidos)

• Trabajo con pelota medicinal

• Trabajo con bandas de resistencia

• Trabajo en gimnasio ejercicios con Polea o VersaPulley para imitar los golpes de fondo.

Por favor, visite www.secretsofspanishtennis.com donde encontrará videos con guías para estos ejercicios suplementarios.

El entrenamiento sistemático y específico de la aceleración de la raqueta es, quizás, la parte más importante de la contribución española al entrenamiento de tenis moderno y mucho de este crédito se debe atribuir a Lluis Bruguera, el visionario que diseñó muchos de los famosos ejercicios españoles para la velocidad de la raqueta.

Todos los padres, entrenadores y jugadores deben comprender la importancia del entrenamiento de la aceleración para alcanzar los niveles más altos posibles en el tenis y maximizar el potencial del jugador.

Los españoles han desarrollado el mejor sistema del planeta para entrenar la potencia y la aceleración de la raqueta y así lograr la pelota moderna pesada, especialmente, el golpe de derecha potente liftado y pesado.

Considere agregar el entrenamiento de la velocidad de raqueta a su régimen existente. Uno de los mejores elementos del entrenamiento español de la velocidad de raqueta es que los ejercicios son modulares y flexibles. La simpleza y versatilidad de los ejercicios permite integrarlos dentro de cualquier sistema de entrenamiento o adaptarlos exitosamente para necesidades individuales específicas.

"Ser sólido, no cometer errores en la cancha, esto calma la ansiedad y otorga confianza."
--Lluis Bruguera

"El juego de tenis, en su esencia, sigue siendo un juego de errors."
--William "Pato" Alvarez

Capítulo 3:

Paciencia y Consistencia

Los jugadores españoles siempre se han destacado por ser sólidos desde el fondo de la cancha. Aún desde los días del revés cortado y los golpes de derecha planos de los 60s y 70s, los jugadores españoles no erraban demasiado y no entregaban muchos puntos con errores no forzados. Hoy, los jugadores españoles modernos pegan más fuerte y con más liftado, pero continúan con la filosofía original española: el juego de tenis se gana y se pierde esencialmente por la cantidad de errores y no de tiros ganadores.

Este concepto fundamental es parte de la trama del entrenamiento y de la cultura de juego en España está presente en todos los ejercicios y en todas la sesiones de entrenamiento en cancha. A los jugadores juveniles se les enseña a ser pacientes, aprenden a construir el punto y a ganar por medio del desgaste en lugar de buscar el quiebre muy temprano.

La tierra batida roja ayuda, por supuesto, reduciendo la velocidad de la pelota y permitiendo que los jugadores corran más tiros. La tierra batida refuerza las virtudes de la paciencia, control y consistencia que tanto predican los entrenadores.

Una de las clásicas marcas de los jugadores españoles es el alto nivel de tolerancia al tiro, una expresión inventada por Elliot Telscher (ex top 10 de Estados Unidos y ahora entrenador de alto rendimiento) para describir el nivel de paciencia y consistencia de un jugador.

Lo que comprendí cuando comencé a estudiar con entrenadores españoles líderes como Lluis Bruguera y Pato Alvarez, y a visitar las academias líderes de España, es que la tolerancia al tiro no la enseña solamente la tierra batida sino los métodos de enseñanza de entrenadores y escuelas.

La paciencia y la consistencia no son solamente rasgos que se desarrollan naturalmente en los jugadores de España, sino que son enseñados activa y sistemáticamente.

El sistema de ejercitación desarrollado por Lluis Bruguera y Pato Álvarez en los años 80, que enfatiza la consistencia y la concentración, parece haberse infiltrado en el manual de todos los entrenadores y los ejercicios de consistencia española, se encuentran omnipresentes en todos los programas que he visitado a lo largo del país. (Estos ejercicios se discutirán más específicamente y se demostrarán al final de este capítulo).

Esencialmente los niños de España, son ejercitados incansablemente desde temprana edad para no errar nunca, y para tener mayor tolerancia al tiro y mayor disciplina que el jugador que está del otro lado de la red. Luego van y juegan la mayoría de sus partidos de práctica y torneos semana tras semana en la lenta tierra batida roja, que refuerza aún más el valor de la paciencia.

Esta mentalidad puede cambiar las futuras décadas a medida que los entrenadores españoles se reinventan, y las academias siguen instalando más y más canchas duras para tratar de lograr jugadores más completos que puedan atacar más.

En los 60 y los 70 el espíritu de nunca errar fue tomado burlonamente como defensivo o conservador, y muchos entrenadores siguen hoy en día haciendo esa crítica. Los jugadores y entrenadores de otros países suelen burlarse de los españoles pues los consideran "empujadores".

Como traté de explicar en el capítulo anterior, en los últimos 30 años, los españoles han estado obsesionados con el desarrollo de la potencia y la velocidad de raqueta en los golpes de fondo. Cualquiera que se refiera a los jugadores españoles modernos como "empujadores" (pushers), o es un ignorante o está mal informado. Si, los españoles valoran la consistencia y la paciencia sobre los tiros ganadores y la hiper agresividad, pero ellos enseñan fundamentalmente la consistencia con una velocidad de raqueta agresiva, que es diferente a empujar.

Los empujadores tienden a desacelerar la raqueta en la zona de golpeo. Los que empujan tienden a enviar la pelota alta y paralela, al medio con poco plan de juego táctico en lugar de esperar y reaccionar.

El modo español moderno para desarrollar el juego de fondo no podría estar más alejado de este enfoque.

En España, los entrenadores predican la consistencia pero SIEMPRE con una gran aceleración. Los entrenadores predican la doctrina del no error, pero con un agresivo control de la pelota, utilizando golpes de fondo pesados para mantener al adversario en la línea de fondo y moverlo por la cancha para que corra y se canse.

La mayoría de las academia españolas están practicando mucho en canchas duras para desarrollar jugadores de todas las superficies que puedan atacar cuando sea necesario.

Albert Costa afirma que: "Todos los juniors están practicando en canchas duras. La precisión que nostros trabajamos, la hacemos mitad y mitad en canchas duras. Sabemos que es importante desarrollar el tenis en canchas duras.... quiero lograr jugadores completos. No solamente jugadores de cancha de tierra batida".

Y el juego español moderno entregará grandes golpes de derecha, y reveses demoledores ganadores en su debido momento. La diferencia es que los jugadores españoles saben que pueden demoler si lo necesitan. Saben que pueden pegar 20 tiros de fondo seguidos si fuere necesario y la situación garantiza la estrategia. Los jugadores españoles tienen un Plan B si los tiros ganadores no funcionan ese día. Todos los jugadores que crecen en España desarrollan la confianza desde la línea de fondo, que viene de desarrollar la paciencia y la consistencia con la aceleración, no empujando. Rafael Nadal, David Ferrer, y Fernando Verdasco son buenos ejemplos de jugadores modernos que combinan la consistencia desde la línea de fondo con la habilidad explosiva para pegar grandes tiros ganadores después de construir los puntos. Son el prototipo de jugadores que se forma hoy en España.

Nadal es el prototipo de jugador español moderno. Muy consistente con sus habilidades defensivas maravillosas que sin embargo, puede atacar cuando se presenta la oportunidad.

Las tres C´s

Los españoles trabajan mucho para desarrollar lo que llamo las 3 C´s: Control, Consistencia y Concentración. Bruguera destaca, "Ser sólido, ser consistente no es ser un jugador defensivo". Agrega que, "La confianza surge cuando sabes que lo puedes hacer sin errar... si soy consistente. Si lo sé, lo puedo hacer. ¿Mínimo? No pierdo".

Una de las maneras más clásicas y potentes de desarrollar la consistencia, el control y la concentración, y obviamente, la paciencia, es extendiendo los ejercicios fuera de la cantidad normal de repeticiones que usan los entrenadores en los EEUU.

Si el típico entrenador de EEUU alimenta 1, 2 o 3 tiros, el entrenador español típico alimenta 10, 20 o 30 o más en un ejercicio sin interrupción ni descanso.

2 Niños por cancha. La relación española

También es importante mencionar que en España, el número de alumnos por cancha es de dos o tres niños como máximo, generalmente, dos niños por cancha, contra cuatro o seis niños por cancha en un campo o academia de los EEUU.

En toda España, en las academias líderes, la cantidad tiende a ser dos niños por cancha. Los españoles creen que dos niños por cancha es esencial para proporcionar un entrenamiento de alta calidad a los jugadores avanzados.

Y los sistemas diseñados por Lluis y Pato no funcionarían con cuatro o más niños por cancha pues la idea es dar a cada jugador largos sets de 20 o más repeticiones por set. Habría demasiada espera si los entrenadores españoles trabajaran de esta manera con cuatro o más niños por cancha.

Entonces, parte de la genialidad del sistema de ejercicios en España es que el entrenamiento es casi siempre como una lección semi privada, con un jugador practicando con 20-60 pelotas, y otro, por ejemplo, recogiéndolas. De este modo, el entrenador nunca se queda sin pelotas, y los jugadores desarrollan mayores niveles de tolerancia al tiro, concentración, energía y con una buena relación trabajo/descanso.

Nunca había visto dos niños por cancha, hasta que viajé a las academias españolas e inmediatamente me enamoré del concepto. Aún hoy, en mi academia de verano, mantenemos la relación española, dos niños por cancha, y creo que somos la única academia de los EEUU que hace esto en verano.

En los EEUU con tantos niños en una cancha, es normal que el ritmo y la frecuencia de los ejercicios sean tan diferentes, y la cantidad de repeticiones antes del descanso deba ser mucho menor, asi es que los jugadores se mantienen activos, y no están inactivos tanto tiempo.

Inadvertidamente, manteniendo alta la relación de jugadores por cancha y las repeticiones por ejercicio bajas, en EEUU, estamos debilitando la concentración y la tolerancia al tiro en el entrenamiento de nuestros jugadores. Esencialmente, hemos adoptado el estilo de ejercicio y el ritmo que refuerza los cortos períodos de atención, la agresividad temprana en lugar de la paciencia y una muy baja tolerancia al tiro. Los ejercicios largos y rítmicos de España desarrollan los atributos necesarios para ser firmes, enfocados y pacientes, todas cualidades que los jugadores de fondo de elite deben tener no solamente ser jugadores de tierra batida.

Es interesante notar, y como nota extra, que en España, los carritos/cestos contienen generalmente un máximos de 60-80 pelotas. Los entrenadores españoles suelen usar un pequeño balde, no un gran carrito. En España no hay carritos de 350 pelotas como en EEUU. Con dos niños por cancha, uno recogiendo y uno entrenando, los españoles han encontrado el modo de usar las pelotas más económicamente que en los EEUU.

Lluis Bruguera explica en una entrevista personal, que extendiendo sus ejercicios por un largo período, por ej. 20 pelotas o más, trabaja sobre la concentración más que si entrenara solamente unos pocos tiros cada vez. "Con mi método", agrega, "trabajamos más que haciendo muchos ejercicios". No 2, 5, 6 tiros—más y más y más y más..." Los ejercicios largos construyen la concentración y la paciencia del jugador, esenciales ingredientes para el desarrollo de la tolerancia al tiro.

Los ejercicios de Pato Álvarez pueden alcanzar hasta las 100 pelotas o más, sin descanso para el alumno! Es un método brutal y efectivo para enseñar al jugador las destrezas mentales para ser más consistente.

Este tipo de entrenamiento es como una maratón de ultra resistencia, y realmente enseña al jugador a sufrir y a perseverar, cualidades importantes que los entrenadores españoles desarrollan activamente, y que comentaremos en el Capítulo 6.

"Creamos buenas mentalidades," dice Albert Costa. "Los jugadores son fuertes mental y físicamente. Y pienso que si creces en tierra batida o cancha dura lenta, debes usar las piernas y, al final, eso es muy importante."

Después de ejercitar arduamente desde el cesto y trabajar la consistencia, y el control, los jugadores juegan y entrenan con pelotas vivas en la lenta tierra batida roja, y los entrenadores constantemente refuerzan los valores de paciencia, consistencia y concentración pero nunca empujando siempre con el máximo látigo y aceleración de la raqueta.

Ejercicios españoles clásicos pra desarrollar las 3 C´s:

Control, Consistencia y Concentración

Los videos y las demostraciones completas están disponibles en línea. Invito a los lectores a visitar www.secretsofspanishtennis.com y nuestra página de Youtube donde encontrarán explicaciones más completas con todos los matices de los ejercicios siguientes, y me verán demostrar los ejercicios con mis alumnos.

Pato Álvarex 3x20 (golpe de derecha y revés alternados o patrón X)

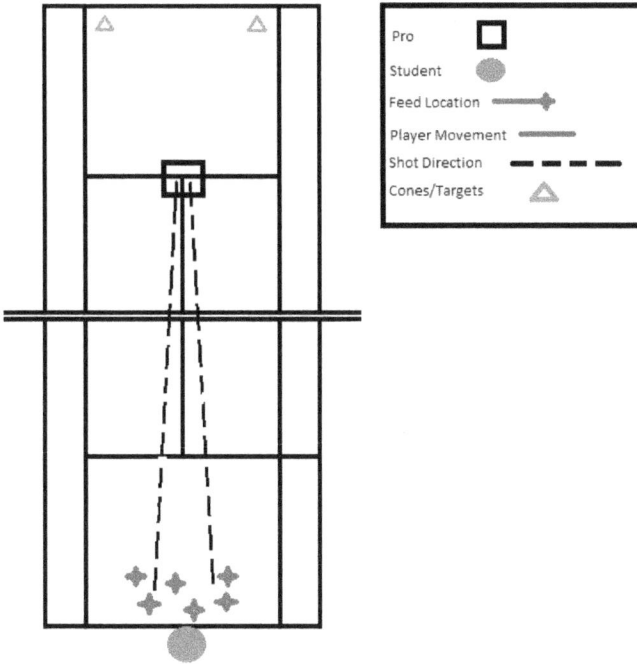

Pro	□
Student	●
Feed Location	●—→
Player Movement	━━━
Shot Direction	▬ ▬ ▬ ▬
Cones/Targets	△

Objetivo:

Para entrenar la consistencia, la precisión y el control y la concentración lo mismo que elementos secundarios como la energía y la aceleración de la raqueta y el trabajo de pies y la posición. Esta es una de las muchas variaciones del ejercicio de La Pared que se usa mucho en España. Pato usa estos ejercicios con los jugadores desde temprano en la práctica, para desarrollar el ritmo en los golpes de fondo y en los torneos, para el calentamiento antes del partido.

Detalles Clave:

• El entrenador voleará suavemente, flotando la pelota profundo a la línea de fondo para que el jugador tenga tiempo de tomar la posición con los pies y acelerar.

• La volea puede ser también con todos tiros profundos, o el entrenador puede volear corto y largo desarrollando el patrón de trabajo de pies X de Defensa y Ofensa.

• Buen equilibrio y posición para recibir la pelota "entre la cadera y el hombro" en el punto de contacto óptimo.

• Aceleración de la raqueta en cada swing

• Todas las pelotas al pecho o a la raqueta del entrenador asegurando que ninguna quede corta a los pies del entrenador. ¡Sin errores!

Repeticiones: 3 sets de 20 pelotas seguidas. Si el jugador comete un error, la cuenta comienza de cero.

Pared de Lluis Bruguera (aleatorio)

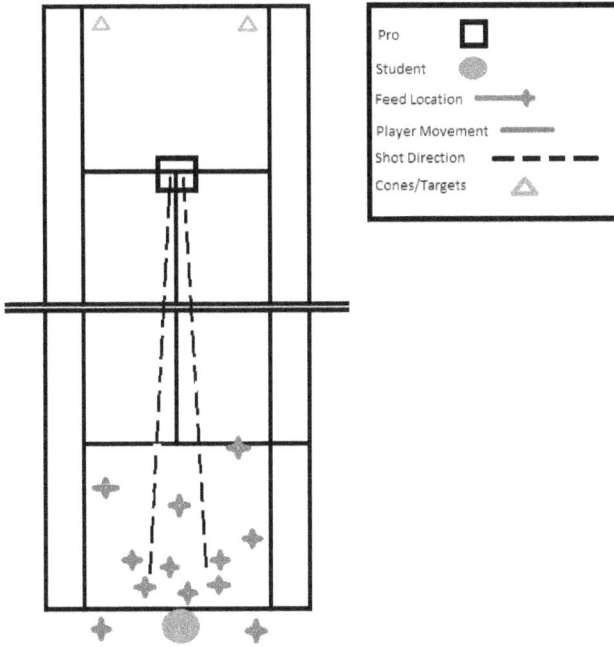

Objetivo:

Igual que el anterior. La variación de La Pared de Bruguera es menos estructurada y puede llevar al jugador por toda la cancha.

Detalles Clave:

- El jugador debe leer la pelota entrante y rápidamente posicionar el cuerpo con equilibrio para "recibir" la pelota.

- Acelerar en cada tiro

- Profundidad y precisión poner la pelota en la raqueta del entrenador

- Concentración ¡sin errores!

Repeticiones: 20 -100 pelotas seguidas

Ejercicios básicos de 20 pelotas lado a lado.

1. Golpe de derecha/golpe de revés

2. Golpe de derecha/ golpe de derecha

3. Invertidos.

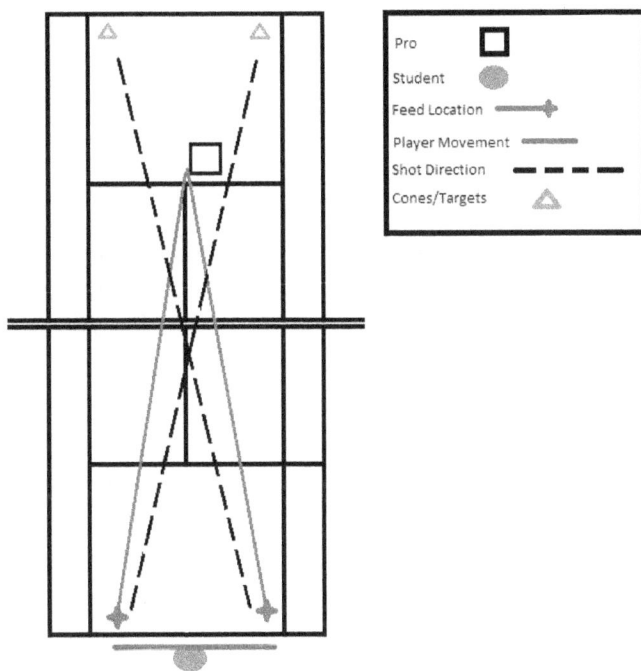

Pro	□
Student	●
Feed Location	➤
Player Movement	▬
Shot Direction	- - - -
Cones/Targets	△

Objetivo:

Un ejercicio clásico español que he visto en varias academias. Los ejercicios son largos y arduos, sets de 20 pelotas o más para la energía y consistencia, diseñados para trabajar las 3 C´s y la perseverancia.

Detalles Clave:

• El jugador trabaja en sus peloteos de pelota profunda, y siempre necesitan posicionarse en la corrida para tomar la pelota entre la cadera y el hombro en el óptimo punto de contacto.

• El jugador debe enviar la pelota con aceleración de la raqueta, efecto, y altura a un área segura de la cancha.

• El entrenador puede variar el ritmo y los efectos.

• El jugador necesita recuperar repetidamente rápido para estar   listo para el próximo tiro.

• ¡Sin errores!

Repeticiones: Se busca lograr 20 pelotas seguidas sin errores. El objetivo de conteo puede ser ajustado por el entrenador dependiendo del nivel de los jugadores, de 10 a 100 tiros para los juniors avanzados de elite o profesionales.

Pelotas viva cruzadas y paralelas

Vriaciones cruzadas y paralelas
1. 1 cruzada, 1 paralela
2. 2 cruzadas, 1 paralela
3. 3 cruzadas, 1 paralela
4. 2 paralelas, 1 cruzada
5. Etc.

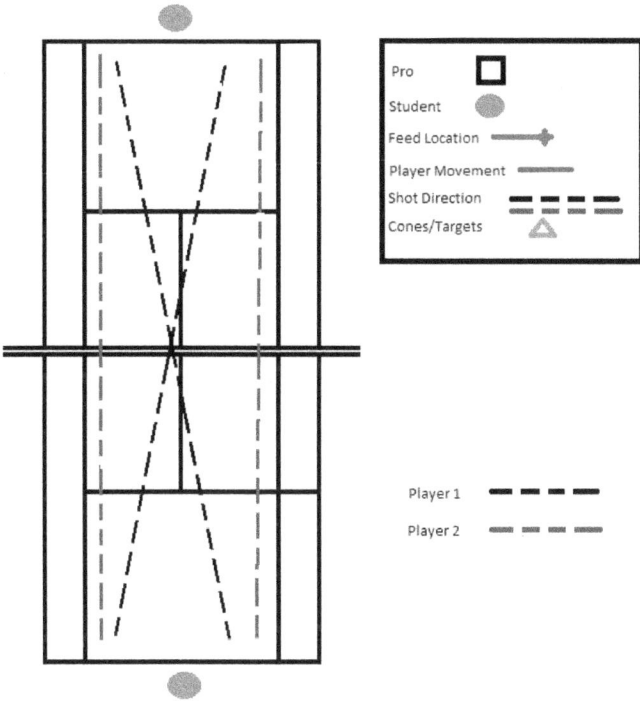

Pro	☐
Student	⬤
Feed Location	➤
Player Movement	━━━
Shot Direction	▬ ▬ ▬
Cones/Targets	△

Player 1 ▬ ▬ ▬
Player 2 ▬ ▬ ▬ ▬

Objetivo:

Ejercicios con pelota viva enfatizando el peloteo de fondo. Estos ejercicios son muy comunes en España y generalmente usan el método de conteo español clásico para estructurar el ejercicio. Por ejemplo, los jugadores deben llegar a 20 pelotas seguidas, cualquier error, comienzan nuevamente el ejercicio u otra variación de conteo para lograr la consistencia.

Detalles Clave:

• El foco de estos ejercicios apoyará y reforzará el trabajo del entrenador con los jugadores durante los ejercicios. Los jugadores deben trabajar el buen equilibrio y posición para recibir la pelota bien con un punto de contacto perfecto y luego enviar la pelota con la máxima aceleración de la raqueta.

• El peloteo profundo y seguro es clave. Los jugadores deben esforzarse por colocar la pelota profunda en los ángulos de la cancha.

• Los jugadores deben trabajar con mucha intensidad, corriendo todas las pelotas hasta el agotamiento esto es muy importante para entrenar la disciplina, el sufrimiento y la energía.

Repeticiones: 20 pelotas seguidas de cada jugador (40 en total) sin un error es lo estándar. Este objetivo numérico se puede ajustar dependiendo del nivel de los jugadores.

Moler 20 Ejercicio español clásico de consistencia

Un jugador en el rincón, un jugador se mueve en un ejercicio clásico español de 20

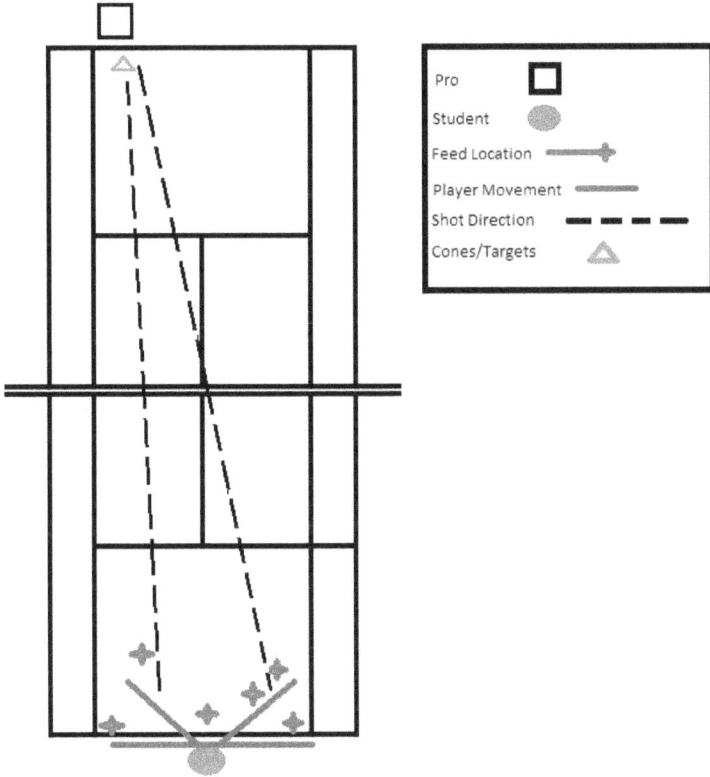

Objetivo:

Este ejercicio, favorito de muchas academias españolas, trabaja la consistencia de la pelota en el pelotco y los tiros defensivos.

Detalles Clave:

• Un jugador debe luchar y perseverar 20 tiros seguidos con solamente un área de la cancha como objetivo. Si el jugador que está corriendo, comete un error, la cuenta comienza de cero nuevamente. O el entrenador puede utilizar otros métodos numéricos para el ejercicio, como un total de 20 pelotas para los jugadores menos avanzados.

• El jugador estacionario trabajará la posición para un punto de contacto perfecto y cambiando la dirección sin pegar un tiro ganador.

• El jugador estacionario puede estar en el lado de la ventaja para trabajar derechas invertidas (inside in e inside out) una situación común en España.

• El jugador debe luchar por mantener la pelota en cancha, correr todas y siempre tratar de pasar una pelota más sobre la red.

• Cuando un jugador logra 20 exitosamente, los jugadores cambian los roles.

Repeticiones: Tratar de lograr 20 pelotas seguidas sin errores.

El Modo Español Desarrollar una Alta Tolerancia al Tiro

La paciencia y la consistencia son la marca del buen jugador español. En España, han desarrollado un sistema para que los jugadores sean más pacientes y consistentes en base a los ejercicios y la filosofía descriptos en este capítulo.

La filosofía y los ejercicios comentados son fácilmente adaptables a cualquier programa de entrenamiento. Trabajar sobre la consistencia del peloteo de un jugador mejorará indudablemente su confianza y reducirá su ansiedad en la cancha. Un jugador con golpes de fondo consistentes y sólidos y una alta tolerancia al tiro podrá perseverar y ganar aún sin su servicio, o si está en un mal día, y esto es algo clave en el método español, ganar, aún jugando mal.

Los jugadores con un gran servicio y juego de ataque podrán tener éxito en el alto nivel, pero estarán siempre limitados en sus patrones de juego y algo erráticos en sus resultados, pues se basan demasiado en su servicio y en los golpes de fondo ganadores. Es inteligente desarrollar un gran servicio y juego de ataque, pero los jugadores pueden aún ser más exitosos si apoyan ese juego con un peloteo equilibrado y consistente, y por supuesto, con una buena defensa, que es el próximo secreto español.

"La defense es fundamental para el tenis, ya que la mayoría de los disparos en el tenis se pueden reproducir." -- Pato Alvarez

Capítulo 4:
Defensa

Hay un dicho en los deportes tales como el fútbol americano y el básquetbol que dice que "la defensa gana los campeonatos". Si esto es cierto en el tenis también, entonces los españoles han encontrado un modo de ganar muchos campeonatos entrenanado la defensa mejor que ningún otro país o sistema del mundo.

Nadal luchará y se aferrará todo lo necesario jugando la defensa según el clásico modelo español.

Los jugadores españoles son los maestros del tenis defensivo. Desde temprana edad, los jugadores aprenden la paciencia, la consistencia, y la concentración como se vió en el Capítulo 3. Además de esos principios, defender la pelota es otro tema que se enseña uniformemente en todos los niveles. Las canchas de tierra batida roja, el segundo maestro, son nuevamente un gran factor en el desarrollo del gran juego defensivo. La tierra batida permite que el jugador neutralice los grandes tiros, luche, defienda, y se recupere de posiciones desventajosas como en ninguna otra superficie, y así, creciendo en tierra batida, los españoles desarrollan capacidades defensivas incomparables. ¿No es sorprendente que Pat McEnroe, jefe de Desarrollo Elite de la Asociación de Tenis de los Estados Unidos dé prioridad al entrenamiento de los mejores juniors en canchas de tierra batida? De hecho, en el Centro Nacional de Tenis de Nueva York, la Asociación de Tenis de los Estados Unidos, (USTA) acaba de construir nuevas canchas de tierra batida en un viejo estacionamiento para uso exclusivo del equipo de desarrollo elite de la USTA, que trabaja con los mejores talentos junior de EEUU en la costa este. La USTA tiene planes de agregar nuevas canchas de tierra batida a lo largo de los EEUU en el futuro.

En su forma simplificada, defensa significa retroceder ir hacia atrás desde la línea de fondo para recibir una pelota entrante. Los entrenadores españoes enseñan a los jugadores a moverse generalmente hacia atrás, profundo en la cancha para defender contra pelotas profundas fuertes golpeadas contra ellos. Esto contrastaría con algunos otros sistemas de desarrollo que enfatizan el hecho de tomar la pelota cuando sube o "sostener el suelo" cerca de la línea de fondo y rechazar el volver a subir.

Este contraste de estilos me recuerda similares contrastes en los sistemas de artes marciales. En las artes marciales, de las cuales soy un ávido alumno, hay algunos estilos de lucha conocidos como "duros" o estilos "llamativos" y otros estilos de lucha conocidos como "suaves" o "gentiles". El Karate de Japón o el Tae Kwon Do de Corea son estilos duros que enfatizan la aplicación de la fuerza directa contra la fuerza, y la energía contra la energía. Por contraste, el Judo y Aikido, también de Japón y el

Jiu Jitsu brasilero, por ejemplo, son estilos de lucha generalmente filosóficamente opuestos a la aplicación directa de fuerza a fuerza. Estas artes se conocen como artes gentiles, no porque no sean letales (¡son muy letales!) sino porque tienden a usar la técnica, el apalancamiento y la posición ventajosa para ganar una lucha, en lugar de la fuerza directa. Estas artes marciales tratan de usar la energía lo más eficientemente posible y utilizan la fuerza del adversario contra ellos siempre que sea posible. La metodología del tenis español enfatiza el mismo uso eficiente de la energía a través de la posición paciente para dominar al adversario, igual que en el Jiu Jitsu brasilero.

Los entrenadores brasileros enseñarán a sus jugadores a retirarse y abandonar territorio en respuesta a una amenaza, y los jugadores españoles son muy buenos para retirarse y defender tiros duros como resultado de este entrenamiento habitual.

En España, enseñan a los jugadores a no forzar la posición en la cancha independientemente del tipo de pelota golpeada. En todo caso, los jugadores deben moverse con fluidez y ajustar la posición en la cancha, siempre en respuesta a la profundidad, ritmo y efecto de la pelota entrante. Es el ajuste constante y el movimiento desde defensa a neutral a ofensa, o a la inversa, lo que tipifica el estilo español de entrenamiento.

(Diagrama—ejemplo de diferentes posiciones en cancha.)

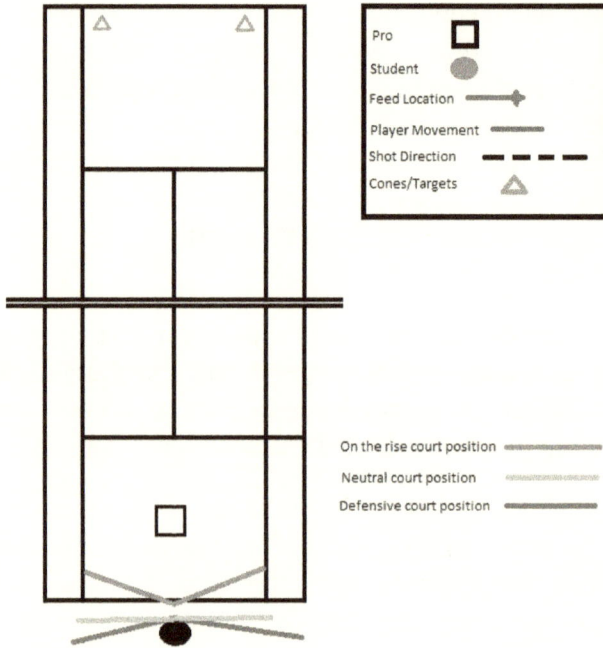

Los jugadores españoles tradicionalmente no quieren que los agarren "luchando la pelota", una frase común en el entrenamiento. Luchar la pelota significa estar en tu terreno y tomar la pelota temprano en lugar de retroceder hacia una posición mejor para recibir la pelota. Es la directa aplicación de fuerza versus fuerza. Como dije antes, los españoles quieren utilizar la energía eficientemente, y no quieren desperdiciar energía luchando una pelota difícil desde la línea de fondo cuando pueden retroceder, dejar disminuir la fuerza y luego, enviar la pelota de manera efectiva (más pesada y con más peso y efecto) desde una posición profunda. Los entrenadores españoles suelen obsesionarse con "recibir la pelota" correctamente, y esta es la razón por la cual el trabajo de pies y el entrenamiento del movimiento son tan importantes para su sistema (ver Capítulo 1).

Si vas a una academia como la de Bruguera o Sánchez-Casal, el sistema es tradicional en el sentido que enseña a los jugadores a ir hacia atrás y defender rutinariamente, generalmente, se evita tomar la pelota temprano. Los golpes de fondo tipo media volea son un gran paso en falso para los jugadores españoles del modo tradicional.

Sin embargo, en las academias más modernas como CIT/FCT, el director Albert Costa me enfatizó que quiere que sus jugadores tomen la pelota relativamente temprano manteniendo el clásico estilo defensivo cuando sea necesario, y de verdad, observé que muchos de los jugadores alli, estaban tomando la pelota desde una posición en la cancha generalmente más cerca de la línea de fondo que los jugadores de las academias de Sánchez-Casal o Bruguera. Los jugadores de BTT (Barcelona Total Tenis) también aprenden a tomar la pelota temprano, más que en otras academias de España.

Este es un buen ejemplo del enfoque tradicional español que está evolucionando, y está siendo cambiado y actualizado por la nueva generación de entrenadores españoles. Los entrenadores españoles son conscientes de su pasado y tienen temor a ser categorízados como especialistas en "canchas de tierra batida". El entrenamiento moderno quiere desarrollar grandes jugadores para todas las superficies, no solamente grandes jugadores de tierra batida.

Por lo tanto, hay un contraste entre el modo tradicional español de defender (hasta que el adversario se agote) y el modo español más moderno, que si bien sigue valorando la defensa y la lucha, ajusta la posición en la cancha un poco más cerca de la línea de fondo, y predica mayor agresividad utilizando el juego de toda la cancha.

Bruguera dice, "con este sistema, todo jugador tiene un buen golpe de derecha, buen revés, buen trabajo de pies, buen control, y puede jugar. Es posible que no pierda". Lo cual significa que los jugadores tienen más confianza.

Otro ejemplo de esta tendencia en las noticias recientes es que Andy Murray terminó con su entrenador de gira, Pato Álvarez, el legendario entrenador español, pues se dice que Andy sentía que el consejo y estrategias que le proporcionaba Pato eran muy defensivos y reaccionarios, él quería un entrenador que apoyara un estilo más agresivo para todas las canchas.

Claves para la buena defensa en el estilo español

En España, defender no significa solamente devolver la pelota sobre la red. En muchos casos, los entrenadores enfatizarán una "defensa agresiva", que significa utilizar mucha velocidad de raqueta para enviar la pelota profunda a las esquinas a fin de neutralizar el tiro del adversario. Una defensa agresiva se caracteriza por un efecto pesado, profundidad y penetración y este tipo de tiro permitirá al jugador español no solamente permanecer en el punto, sino muchas veces, el jugador podrá escapar de una posición desventajosa y lograr una posición de ventaja en la cancha desde la cual atacar a medida que progresa el punto.

Aprender a acelerar y pegar desde posiciones desventajosas es un concepto rutinariamente enfatizado por los entrenadores españoles; y los jugadores españoles siempre buscan las oportunidades para recuperar la posición en la cancha para atacar, aún cuando estén en una posición defensiva y en problemas.

Ciertamente, la capacidad de ir de neutral a defensa, y luego a ofensa es una característica clave de los mejores juniors y profesionales. En la tierra batida, el juego de tenis se torna una partida de ajedrez, cada jugador moviendo al otro a una posición de ventaja o de desventaja y finalmente, buscando las oportunidades de ganar el punto o forzar el error por desgaste.

Este estilo de juego se contrasta con el estilo de tenis estadounidense o el tenis de cualquier país dominado por las canchas rápidas, como Inglaterra, donde el juego es menos similar a un partido de ajedrez y se asemeja más a un juego de cacería, un juego de ataque y tiros ganadores. En esos sistemas unidimensionales, los jugadores no son entrenados ni tienen muchas oportunidades (debido a las rápidas superficies en las que juegan) de transicionar de adelante hacia atrás de defensa a ofensa, y vice versa, todo eso durante un único punto. El tipo de flexibilidad y versatilidad posicional y táctica es la marca del sistema multidimensional de desarrollo español, y los jugadores españoles aprenden estas habilidades por la tierra batida y sistemáticamente, por el uso de muchos ejercicios defensivos y de transición.

Ejercicios para cultivar el juego defensivo

Los videos y demostraciones completas están disponibles en línea. Invito a los lectores a visitar www.secretsofspanishtennis.com y nuestra página de Youtube donde encontrarán explicaciones más completas de los matices de los ejercicios siguientes y me verán demostrar los ejercicios con mis alumnos.

La Defensiva V de Pato

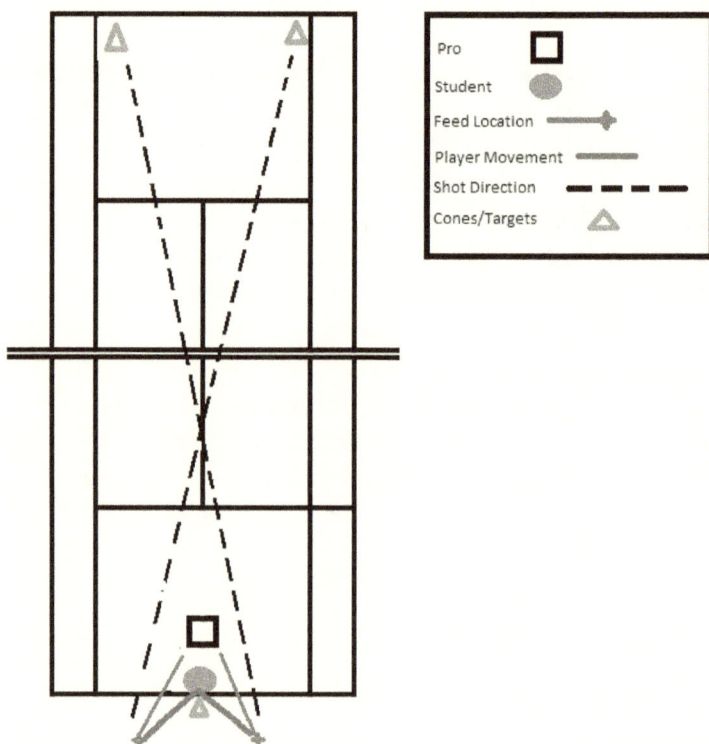

Pro	☐
Student	⬭
Feed Location	●——
Player Movement	——
Shot Direction	– – –
Cones/Targets	△

Objetivo:

Para presionar al jugador al fondo de la cancha y profundo, obligando a pegar un tiro difícil que bota alto desafiando su trabajo de pies y posición. El ejercicio entrena al jugador para que golpee desde una posición defensiva extrema.

Detalles Clave:

• La clave táctica es golpear profundo a las zonas seguras profundas de la cancha o bien cruzado o paralelo.

• Técnicamente, el jugador debe trabajar los pies y deslizarse a la posición (Pato prefiere el estilo de movimiento de doble ritmo) para lograr un buen punto de contacto entre la cadera y el hombro.

• La velocidad de la raqueta es importante para lograr un efecto pesado en el tiro defensivo.

• El jugador debe cargar el peso en la pierna posterior y puede saltar hacia atrás si fuera necesario.

• Recuperarse hacia atrás a la línea de fondo después de una defensa exitosa.

• Pato suele alimentar con la raqueta desde el mismo lado de la red que el jugador o alimentar manualmente. La alimentación con raqueta aplica más ritmo a la pelota y más presión sobre el jugador.

Repeticiones: 10-20+ pelotas

Ejercicio de Emergencia de Bruguera

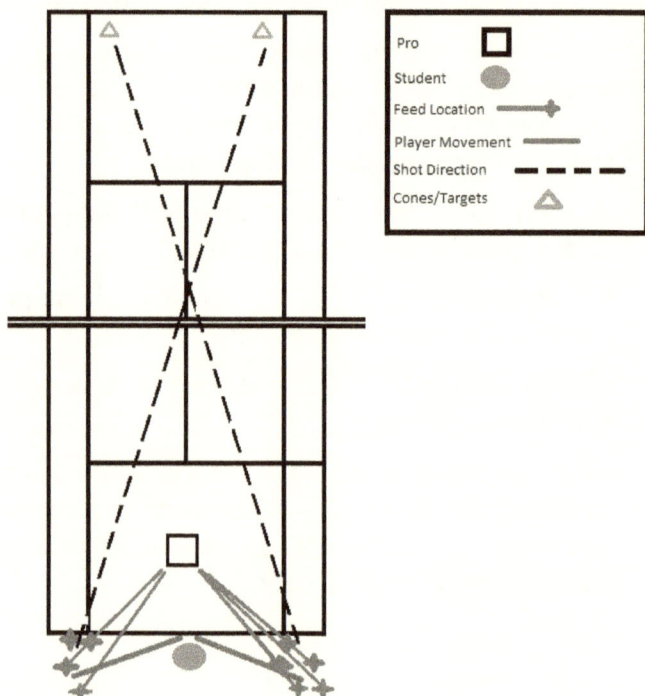

Objetivo:

Entrenar el movimiento lateral defensivo de emergencia en la diagonal. En general, los españoles creen que los jugadores deben retirarse hacia atrás para absorber un tiro de ataque.

Detalles Clave:

• Los jugadores deben trabajar el deslizamiento en este tiro de emergencia siempre que sea posible.

• El entrenador puede aislar o el lado de la derecha o del revés o combinar ambos lados.

• Se puede introducir alimentaciones aleatorias para desafiar las habilidades de lectura, reacción y anticipación.

• Fuerte recuperación después de realizar el tiro.

• Tácticamente, es clave un tiro defensivo alto y liftado a las zonas seguras de la cancha.

• Generalmente, alimentación manual.

Repeticiones: 6-10 repeticiones

El ejercicio español clásico X, enseñado por Pato y Lluis

Ejercicio X

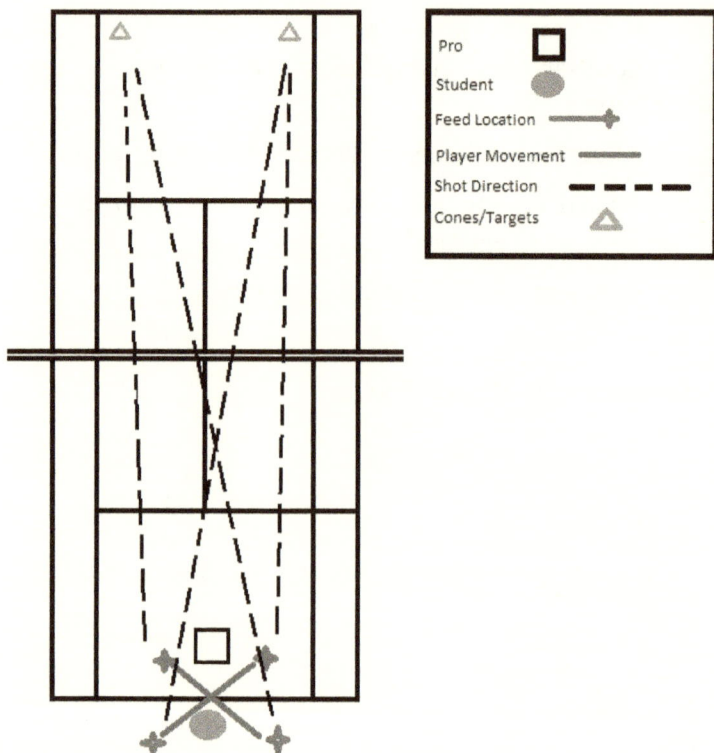

Objetivo:

Un ejercicio integrado que puede trabajar muchas áreas de desarrollo del jugador: técnica, táctica, física y mental. Uno de los ejercicios más famosos de España usado por Lluis Bruguera y Pato Álvarez y adaptado en el país por otros entrenadores líderes.

Detalles Clave:

- El entrenador puede enfocarse en la transición de ofensivo a defensivo y destacar la correcta neutralización de la pelota entrante utilizando el liftado alto y profundo.

- El buen trabajo de pies y la posición son clave para poder enviar la pelota profunda en la defensa.

- Tácticamente, el jugador puede entrenar diferentes patrones como el ataque cruzado y la defensa paralela o viceversa (estilo Pato) o el jugador puede decidir por sí solo, dependiendo de la pelota entrante (más el estilo Bruguera).

- La velocidad de la raqueta en el tiro defensivo y el ataque defensivo.

- Buen equilibrio y buen control del cuerpo.

Repeticiones: 20-100

Algo para recordar y tomar del Modo Español, es incorporar métodos de entrenamiento defensivo en todos los planes de entrenamiento. Aún si el estilo primario del jugador es el ataque agresivo, le beneficiará mejorar sus capacidades defensivas para que cuando esté presionado, pueda neutralizar y tener la posibilidad de ganar puntos aún estando en problema. Los jugadores que trabajan su defensa desarrollan un juego más completo, pueden jugar y ganar aún cuando están siendo atacados por un jugador más grande, más fuerte y tienen un juego más versátil que les permite ganar más puntos contra una variedad de estilos de juego de otros adversarios y en condiciones de partidos difíciles.

Puedes no necesitar entrenar la defensa tan regularmente, o hacer de ella un foco primario como lo hacen los españoles, pero no puedo imaginar ningún régimen de entrenamiento de tenis que no se beneficie con una porción del mismo centrada en neutralizar, contra golpear y defender. Y los españoles son maestros a la hora de entrenar esta área del tenis. Si yo quisiera aprender a defender la cancha, practicaría el Modo Español, pues ellos son los mejores del mundo con esta destreza.

"Muy pocos jugadores españoles son realmente altos y no muchos pueden servir a más de 200 km por hora todo el tiempo, entonces tienen que trabajar mucho desde el fondo de la cancha y para ello deben estar en gran condición física. Antes, los jugadores pasaban el 90 por ciento del tiempo pegando pelotas y quizás corrían un poco o entrenaban en una bicicleta, mientras que hoy, su entrenamiento se basa un 50 por ciento en el tenis y un 50 por ciento en el acondicionamiento. Así de importante se ha transformado."

--Javier Piles, entrenador profesional español

Capítulo 5:
Preparación física

Los jugadores y los entrenadores españoles han encontrado que el juego de tenis moderno es un juego físico en el cual generalmente gana el deportista más rápido, más apto y más potente.

Los españoles comprenden que si crean deportistas superiores, más ágiles, más rápidos, pueden correr más tiempo sin cansarse y sin lesionarse, pueden tranformar a esos deportistas en un tenista de nivel mundial. En muchos otros países, incluyendo los EEUU, el foco principal parece estar en formar tenistas no en formar atletas. Formando los atletas primero y luego los tenistas, España ha encontrado la fórmula para maximizar el rendimiento del grupo de talentos que tienen en su sistema tenístico.

En los 80, los entrenadores españoles como Lluis Bruguera y Pato Alvarez anticiparon la tendencia hacia una seria preparación física para el tenis en un momento en el cual la mayoría de los tenistas solamente jugaba sets y practicaban con muy poco acondicionamiento dentro y fuera de la cancha.

Jugadores como Iván Lendl y Jim Courier (quienes tuvieron un entrenador español durante muchos años, José Higueras) estaban a la vanguardia de la tendencia hacia la preparción física seria, enseñaron al mundo sobre la importancia de la aptitud física para el alto rendimiento en el tenis, pero los españoles estaban ya adelantados reconociendo esta tendencia más o menos al mismo tiempo, y sistematizaron esta filosofía mucho antes que los otros países.

Cuando Sergi Bruguera saltó a la escena a principios de los 90s, era conocido por ser uno de los más aptos físicamente del circuito, podía correr como un ciervo todo el día sin cansarse. Esto se transformó en el nuevo paragón español. Pato y Lluis hicieron del entrenamiento físico fuera de cancha un componente importante de este nuevo sistema de preparación física y aún hoy se pueden ver las repercusiones en las metodologías usadas en las academias españolas modernas.

Las academias españolas son los únicos centros de entrenamiento que conozco que dividen cada día en casi 50/50 la relación entre las sesiones de preparación física y tenis en cancha. No es raro que los jugadores hagan hasta tres horas de trabajo físico y 2-3 horas de tenis durante un programa periodizado de preparación física o, aún más trabajo físico durante la pretemporada que es usualmente de 6-8 semanas en noviembre o diciembre. Típicamente, las academias españolas solo trabajan de 3 a 3,5 horas en la cancha y de 2 a 2,5 horas en el gimnasio, corriendo, trabajando la agilidad, estirando y trabajando para la prevención de lesiones.

Por contraste, los programas típicos en EEUU son de 4-5 horas de tenis y quizás una hora de acondicionamiento, pero, siempre parece ser algo agregado, no es una PRIORIDAD!

Los españoles realmente dan prioridad al entrenamiento fuera de cancha. Es el centro de su sistema pues si un jugador no está libre de lesiones y fuerte al final de un partido, no puede ganar, epecialmente en la roja tierra batida.

Pretemporada

Todas las academias españolas manejadas profesionalmente, y que he visitado, tienen un serio programa físico pretemporada, usualmente de noviembre a diciembre y dura de 6 a 8 semanas de preparación para el nuevo año del Circuito de la ITF y para el Abierto Junior de Australia en enero.

Durante la pretemporada, la primera semana o la segunda, los jugadores ni siguiera juegan tenis, pasan 3-4 horas corriendo, en el gimnsaio o haciendo trabajo de prevención de lesiones. El resto de la pretemporada, el programa de cada semana trabaja gradualmente 1 a 2 horas de tenis por día, mientras sigue el intenso entrenamiento fuera de la cancha. De este modo, al menos una vez al año, los jugadores se dedican ciento por ciento a prevenir lesiones, a ser más fuertes y más rápidos y a construir energía. Creo que este tipo de macroperiodización es muy importante y puede ayudar a prevenir lesiones y a mejorar el rendimiento a largo plazo para los jugadores que sigan este tipo de programa año tras año, desde corta edad.

En los EEUU la mayoría de los entrenadores, academias, y juniors de alto nivel no tienen el mismo compromiso hacia la preparación física y la prevención de lesiones. Creo que pagamos un precio muy alto tanto con las lesiones como con el rendimiento que resulta de esta ecuación. Sé de hecho, que muy pocos de los juniors clasificados a nivel nacional tienen un programa periodizado con 6-8 semanas dedicadas solamente a la prevención de lesiones y a mejorar la apititud física. Estaríamos mucho mejor en este país si lo hiciéramos. En mi calidad de entrenador estadounidense de alto rendimiento, habiendo entrenado a varios de los jugadores clasificados nacionalmente entre los 10 primeros, puedo decir por mi experiencia de primera mano que es difícil casi imposible convencer a los padres estadounidenses que dejen un poquito el tenis para trabajar sobre el aspecto físico del jugador. Esta puede ser una de las razones por las cuales vemos una epidemia de lesiones por estrés en el nivel junior en los EEUU: Demasiados torneos de tenis y poco tiempo dedicado a la prevención de lesiones y al fortalecimiento.

Necesitamos tener más pausas entre torneos en los EEUU, y tener un período de pretemporada para que todos nuestros juniors dejen de golpear pelotas y vayan al gimnasio a fortalecerse, y lo que es más importante, a prevenir lesiones.

Prevención de lesiones

Ser más rápido, más fuerte y trabajar la energía es buenísimo, pero los españoles tienen una gran apreciación por el trabajo de prevención de lesiones y toman el entrenamiento de rehabilitación con mucha seriedad.

Fue Pat Etcheberry, reconocido preparador físico quien dijo: "la meta más importante de un serio programa de entrenamiento fuera de cancha es prevenir las lesiones y no mejorar el rendimiento. La prevención de lesiones es la prioridad". Creo que los entrenadores y preparadores españoles tienen el mismo enfoque y comenzaron un serio régimen para la prevención de lesiones muchos años antes que otros países.

En España, los jugadores suelen pasar menos horas por semana en la cancha generalmente entre 15-20 horas de tenis menos que en algunas otras academias, pero probablemente pasen 5-10 más horas trabajando sobre la prevención de lesiones y el acondicionamiento.

Este enfoque único hacia el entrenamiento desarrolla jugadores que son rara vez sobreentrenados en cancha, tienen menos lesiones repetitivas por estrés, son más resistentes al agotamiento (burnout) y son fuertes y aptos cuando llegan a ese crítico tercer o quinto set.

Velocidad de raqueta y desarrollo de potencia

Del mismo modo que los entrenadores españoles están obsesionados con la velocidad de la raqueta y la potencia en cancha, la misma dedicación para lograr estas cualidades se encuentra en los preparadores físicos que trabajan con los jugadores en el gimnasio y fuera de cancha.

España tiene muchos excelentes preparadores físicos y fisioterapeutas con experiencia en los altos niveles del deporte profesional. Tener cerca un personal con conocimiento de las ciencias del deporte es una gran ventaja real.

En la Bruguera Academy, preparadores físicos con experiencia profesional como Salvador Sosa, que viajó muchos años en el circuito profesional y trabajó con jugadores como Corretja, Lubicic, y Gaudenzi, supervisan excelentes programas de acondicionamiento para sus alumnos. Contar con este tipo de expertos es crítico para el método de entrenamiento español.

Los preparadores españoles se focalizan en desarrollar la potencia y la velocidad de la raqueta con cables, bandas, pelotas medicinales y con otros dispositivos innovadores como la polea versa. La comunidad de entrenamiento deportivo de España está a la vanguardia y suele liderar el resto del mundo con ideas innovadoras sobre entrenamiento y enfoques progresivos hacia el entrenamiento físico y la prevención de lesiones. Muchos de los preparadores físicos expertos trabajan también en otros deportes como el fútbol que es el deporte más popular en España. Entonces, toda la cultura deportiva de España ha creado una alta demanda de preparadores para deportes elite.

Al final de este capítulo detallaremos algunos ejercicios básicos para ayudar a desarrollar la velocidad de la raqueta fuera de la cancha.

Energía (Stamina)

Por supuesto, el trabajo de energía es una parte estándar del entrenamiento español. Parecería que el resto de la comunidad deportiva de entrenamiento del mundo considera que la carrera de distancia es ineficiente y problemática para los tenistas, la mayoría de las academias que visité usaban la carrera como parte estándar de su sistema de entrenamiento, aunque algunas academias están comenzando a preocuparse menos por el trabajo de distancia y más por los intervalos.

En Bruguera Academy especialmente, correr es una parte regular del régimen de entrenamiento y una o dos veces por semana, los jugadores corren por la montaña cercana para desarrollar energía y perseverancia (el deseo tan importante de sufrir, que se tratará en el próximo capítulo).

En la academia Sánchez-Casal, en Barcelona, los jugadores corren semanalmente, y también en TennisVal en Valencia, donde fui recibido sorpresa, sorpresa por un grupo de jugadores que salían para una corrida energética.

Los españoles comprenden que, fundamentalmente, el correr ayuda para la cardiobase, necesaria para ganar en tierra batida, y, lo que es más importante, creo que los preparadores españoles usan la corrida, especialmente de larga distancia, para desarrollar el deseo de sufrimeinto, la fortaleza mental que es una parte crítica para del método de entrenamiento español.

El trabajo de pies tiende a ser realizado en la cancha (como se comentó en el Capítulo 1), pero fuera de la cancha, los entrenadores trabajan la agilidad y la coordinación con escaleras, conos, etc. Estos tipos de entrenamiento no son únicos de España, se pueden ver en todas las academias del mundo. El trabajo de pies en cancha y los ejercicios de movimiento (detallados en el Capítulo 1) son los reales secretos del modo español.

Lo que hace que el entrenamiento físico español sea diferente es la prioridad del entrenamiento físico, el volumen extra de entrenamiento (más tiempo por semana) el foco en la prevención de lesiones, la energía, y particularmente, el desarrollo de la velocidad de raqueta.

Algunos ejemplos de ejercicios fuera de cancha (videos disponibles en www.secretsofspanishtennis.com):

• Entrenamiento con cuerda de resistencia

• Trabajo con pelota medicinal

• Trabajo con polea y polea versa

• Ejercicios de viento con raqueta y raqueta con peso o dispositivos tipo Etch Swing.

• Largas distancias una o dos veces por semana para desarrollar la energía y la fortaleza mental

• Correr circuitos por las montañas y subir laderas empinadas para fortalecer aún más la mente y el cuerpo

El trabajo de acondicionamiento y entrenamiento físico forman el pegamento que mantiene armado el juego español. Sin una gran condición física, el estilo de juego español falla aparecen los errores en el juego, los jugadores pierden foco y paciencia, y no pueden terminar un partido largo y duro.

Todos los jugadores, entrenadores y padres se pueden beneficiar con el foco español en el acondicionamiento, la energía, la prevención de lesiones y, por supuesto, el desarrollo de la velocidad de raqueta (velocidad de brazo),

La prevención de lesiones es un área que no se trabaja suficientemente en muchas áreas de todo el mundo. Los chequeos esqueleto musculares para la prevención de lesiones y los programas prehab profesionales son críticos para la salud y el éxito del jugador.

El trabajo de la energía es más importante como base para todos los jugadores, independientemente del estilo de juego, si bien algunos jugadores defensivos conservadores pueden necesitar dar mayor prioridad a esta área.

El desarrollo de la velocidad de raqueta y brazo es vital para todos los jugadores, independientemente de su estilo de juego. El entrenamiento de la aceleración en cancha, como se explica en el Capítulo 2, se puede complementar y mejorar con el entrenamiento de la velocidad del brazo fuera de la cancha, en el gimnasio.

Agrega los tres grandes prevención de lesiones, trabajo de energía y entrenamiento de la aceleración a tu programa de entrenamiento para lograr los beneficios de este secreto del éxito español.

"En España, los jugadores aprenden a sufrir esto es lo más importante. Luchamos hasta morir en la cancha."-- Fernando Luna, ex jugador top 30 de la ATP y entrenador jefe en Bruguera Top Team

"Para que un jugador juegue bien que él o ella tiene que sufrir" – Pato Alvarez

Capítulo 6:
Sufrimiento

Luego de visitar una academia tras otra y de entrevistar a un entrenador tras otro, realmente me sorprendió que uno tras otro enfatizaran el mismo principio: el sufrimiento.

El sufrimeinto para los españoles significa fortaleza mental, perseverancia y espíritu de lucha. Es parte de la cultura del tenis y cada jugador juvenil español se supone que debe aprender a luchar y a sufrir en la roja tierra batida y no entregarse jamás. Rafael Nadal demostró esta fortaleza mental, quizás mejor que ningún otro jugador profesional. ¡Algunas veces parece que a Nadal le gusta sufrir! Pero se enseña a todos los profesionales españoles a ser luchadores y a que nunca se entreguen en la cancha. Si tienes un adversario español, puedes ser más grande o más fuerte, pero sabes que tendrás una lucha y que el español no va a abandonar ni se va a entregar.

Ya sea en la práctica o en un partido, los entrenadores exigen a sus jugadores el mismo deseo de sufrir. Albert Costa explica "Lo que trato de hacer es hacerles pensar que cada día deben hacer algo más. Si llegan al límite un día, al día siguiente deben ir un poco más lejos. Cada día deben ir un poco más lejos. Cuando era jugador, era un luchador. Sé que tenía un tenis de buena calidad, pero en las prácticas, siempre buscaba el límite. Cada vez que entras en la cancha, debes hacer algo más, o tratar de mejorar algo."

Los Secretos del Tenis Español

A los jugadores españoles se les enseña a ser luchadores pero también a ser humildes deportistas. Hay belleza en la dureza, pero la humildad y la integridad, caracterizan la mentalidad Española.

Jose Higueras, quien era un verdadero luchador en la cancha, cree que el deseo de sufrir y luchar es uno de los elementos clave que los juniors de EEUU no poseen. De hecho, la USTA ha estado enviando cuadrillas de jugadores estadounidenses a Barcelona Total Tennis para aprender a entrenar, y lo que es más importante, a sufrir del modo español.

Cuando los entrenadores españoles me dijeron seriamente, "Enseñamos a los jugadores a sufrir", primero me preguntaba si realmente lo decían seriamente. Pero los españoles son muy serios con el entrenamiento duro y con los ejercicios para desafiar el coraje y el espíritu de lucha del jugador. Esta es la filosofía de Bruguera. "Si un jugador no quiere sufrir, ni sacrificarse, es imposible que gane". Cuando le pregunté cómo hace para lograr esto de sus jugadores en Top Team me dijo. "Les obligamos". Bruguera sugiere "pasar 4-5 horas con los jugadores. Más, más, más. Eso es más difícil para el entrenador. Pero el resultado al final, es mejor"

Los ejercicios españoles clásicos, largos con repeticiones de 20-60 pelotas o más sin cesar, son uno de los modos clásicos que utilizan los entrenadores españoles para forzar a sus jugadores a tener disciplina y a nunca entregarse. No hay nada como pegar tus 30 pelotas, las piernas arden, los pulmones en llamas, y de repente te das cuenta de que todavía te faltan 30 tiros más para terminar el ejercicio. Eso enseña a sufrir mucho más que ningún otro ejercicio de los que conozco.

Auqnue algunos entrenadores puedan hacer ejercicios difíciles con solamente 5-10 pelotas, es el sufrimiento que surge trabajando la energía de 20 o más lo que crea la fortaleza mental que buscan los entrenadores españoles.

En España, sin embargo, el correr y el acondicionamiento (como se dijo en el Capítulo 5) son otros modos importantes para que los jugadores aprendan a sufrir. Correr distancias y correr en las sierras son dos maneras de realmente estimular el dolor y el sufrimiento como en un partido de cinco sets en el Abierto de Francia.

Desde los años juveniles, a los jugadores se les enseña por medio de ejercicios y de preparación física y por medio de los partidos que juegan en las canchas rojas, lentas de tierra batida que un partido de tenis es una lucha a muerte, que nunca deben entregarse, y siempre abrazar el sufrimiento. El sufrimiento, es entonces, un modo de vida para los jugadores españoles, y tienen estas tremendas agallas a las que pueden recurrir durante los partidos largos y arduos.

Me preguntaba si el sufrimiento era parte de la cultura española. Pregunté a muchos entrenadores cómo el tenis español pasó a asociarse con el sufrimiento. Emilio Sánchez mencionó que todo el país sufrió durante décadas bajo un régimen totalitario por lo cual, puede haber cierta conexión. El tema del sufrimiento es también una parte central de la religión católica que domina en España.

La mayoría dijo que las canchas de tierra batida enseñan a los jugadores que el sufrimiento es necesario para ganar. Un amigo hizo referencia a las pinturas de Goya, pintor español, que pintaba el sufrimiento como tema constante en su arte quizás había cierta conexión cultural, ¿alguna histórica filosofía mosoquista subyacente? No sé la repuesta correcta. Pero el sufrimiento es el término más simple para explicar cómo los jugadores españoles aspiran a ser los luchadores mentalmente más fuertes del torneo.

Cuando pregunté a Pedro Rico, entrenador del jugador español en ascenso Carlos Boluda, sobre los jugadores españoles que desean sufrir, me dijo: "No, ellos no desean sufrir. Les encanta sufrir. Si salen de la cancha con tierra batida en su calzado y en sus calcetines, aún si se cayeron,   es aún mejor. Están contentos."

Nadal es el ejemplo de las virtudes españolas de decisión y perseverancia contra viento y marea.

El espíritu de lucha y el deseo de sufrir son las marcas de la mentalidad española.

Ejercicios para aprender a sufrir:

• Las 100 pelotas de Pato Álvarez todas en un ejercicio.

• Cruzadas y paralelas —el original ejercicio de sufrimiento

• Circuitos de montaña

• Correr en las escaleras

• Correr distancias de más de 5 millas

Las revisiones de los videos y las demostraciones completas están disponibles en línea. Invito a los lectores a visitar www.secretsofspanishtennis.com y nuestra página en Youtube para ver explicaciones más completas y ver mis demostraciones de los ejercicios que hago con mis alumnos.

Los entrenadores, padres y jugadores pueden aprender del Modo Español de enseñar a los jugadores a sufrir. Lo más importante, comprender el entrenamiento de la energía, dentro o fuera de la cancha, tiene un valor tremendo, y se debe utilizar para desarrollar la fortaleza mental y la concentración, no solamente para los beneficios físicos más obvios.

El entrenamiento de resistencia perdió vigencia en los últimos años con los entrenadores enfatizando los piques cortos imitando la relación trabajo/descanso en las canchas de tenis. Los preparadores físicos dicen que demasiado trabajo de resistencia puede hacer a los jugadores más lentos desarrollando más fibras de torsión lenta en los músculos. Pero los años de entrenamiento español exitoso han probado que este temor es exagerado, y los ejercicios de larga duración y correr largas distancias siguen siendo un medio valioso de entrenamiento para los jugadores, tanto para lograr beneficios físicos como mentales.

Los entrenadores, padres y jugadores pueden trabajar para desarrollar un sistema de valores fuertes, enfatizando los componentes psicológicos clave del Método Español.

Disciplina

Sufrimiento

Perseverancia

Espíritu de lucha

Concentración

Tolerancia al dolor

Actitud deportiva—respeto por los otros, humildad y trabajo de equipo.

Parte II: Los Entrenadores y las Academias

Capítulo 7
Las Leyendas del Entrenamiento y sus Legados

Lluis Bruguera

William 'Pato' Alvarez

Si bien dudo en llamar a Lluis Bruguera y a Pato Alvarez los patriarcas fundadores del tenis español, y Lluis me pidió específicamente que no usara esas palabras para describir su influencia, después de años de entrevistas e investigación, me quedó claro que esos dos entrenadores tuvieron un rol decisivo en el desarrollo del sistema de entrenamiento español que lideró el ascenso de la Armada Española a fines de los 80 y de los 90 y tuvieron una profunda influencia sobre el sistema de formación de los entrenadores de España.

Lluis y Pato fueron la generación de entrenadores de mayor edad que entrevisté y los entrenadores privados pioneros de España. Ambos dejaron su Federación nacional en los 70´s para abrirse camino independientemente y formar privadamente jugadores de alto nivel. No es casualidad que España pasó de ser una decente formadora de jugadores de tierra batida a ser una super potencia internacional, mientras estos dos entrenadores geniales salían por su cuenta abriendo un nuevo camino para enseñar a los talentosos tenistas junior españoles.

Cuando sus jugadores comenzaron a tener mucho éxito en España e internacionalmente, recibieron gran atención de parte de la comunidad de entrenamiento, especialmente de la generación que venía en ascenso todos los entrenadores más jóvenes querían aprender los métodos que estaban produciendo tan grandes tenistas españoles. La Federación tampoco hizo oídos sordos y el programa de estudios de entrenamiento de la RFET nacional también sufrió las influencias de los métodos de Pato y Lluis.

Por lo tanto, se creó un amplio estilo de entrenamiento y la marca de estas grandes mentes del entrenamiento se pueden ver de norte a sur y de este a oeste en los diferentes clubes aún hoy en día.

Recuerden, España es un país de tamaño moderado y tener dos entrenadores geniales trabajando en el país, desarrollando no solamente los mejores talentos en el juego, sino compartiendo su sistema con las generaciones de entrenadores más jóvenes, fue un elemento clave para el éxito de España. Pato y Lluis realmente dieron nueva forma al sistema español y se transformaron en el foco generacional de España dándole un impulso que la generación de entrenadores más jóvenes, desde Jose Perlas hasta Emilio Sánchez y Jose Higueras, y muchos otros, continúan hasta hoy.

Lluis Bruguera

Lluis Bruguera es un entrenador creativo, inteligente, carismático y apasionado, que hoy a los 60 años es el líder de la Bruguera Top Team en Barcelona, una academia con reputación líder en Europa.

Lluis formó más de 15 jugadores top 100 de la ATP y tiene una extensa experiencia entrenando tanto a jugadores junior como de nivel profesional. Es quizás más conocido como padre y entrenador de Sergi Bruguera, dos veces campeón del Abierto de Francia en 1993 y 1994 y que alcanzó el puesto # 3 del mundo. El ascenso de Sergi a la cúspide catapultó a Lluis a la cima del mundo del entrenamiento en España y pudo ejercer su influencia sobre innumerables entrenadores españoles que quisieron aprender sus métodos y técnicas de entrenamiento. Por lo tanto, la actuación de Lluis para el surgimiento español hacia el dominio internacional no se puede subestimar.

Bruguera trabajó arduamente desarrollando un sistema que siente puede ayudar a un jugador para pasar de "bueno" a profesional. Dice: "Los Estados Unidos: 20 millones de jugadores, España: 115.000 tenistas no jóvenes, en total. Y tenemos más 25 entre los top 100. Es increíble 25 % en el mundo. Y cada año, ya lo ves, dos más. Eso significa que el sistema funciona."

Lluis Bruguera y Pato Alvarez (ver perfiles debajo) fueron probablemente las influencias más importantes de los años 80 que ayudaron a impulsar a España hacia un nuevo nivel de éxito en el circuito mundial. Albert Costa mantiene que fueron los pioneros del movimiento hacia las academias privadas y el entrenamiento privado. "Ellos comenzaron a viajar con los jugadores, esa fue la diferencia. En los clubes siempre teníamos preparadores, pero no entrenadores. Desde esa perspectiva, creo que todo el mundo ve que podemos crear una academia privada, podemos viajar con los jugadores."

Lluis supervisa todo el entrenamiento en su academia de Barcelona y además es Jefe de Entrenadores de la Federación Turca de Tenis donde tiene a su cargo el diseño de un programa para asegurar que Turquía logre éxito en el más alto nivel profesional. Lluis también está tratando de llevar el sistema español a China.

La filosofía de Lluis es bastante simple. Cree en el trabajo arduo y en tener una actitud positiva. Sus jugadores entrenan 3 3,5 horas por día en cancha y hacen 2 horas de preparacipon física, Lluis es muy categórico con respecto a evitar el sobre entrenamiento y prefiere que los tenistas se mantengan frescos y con hambre de tenis cada semana. Lluis fue uno de los primeros entrenadores españoles con una fórmula de entrenamiento que sostiene que el acondicionamiento físico es casi tan importante como el tenístico. En el modelo de entrenamiento de Lluis, el acondicionamiento atlético extra por semana (el doble de las otras academias) y el reducido tiempo en cancha, ayudan para evitar el sobre entrenamiento y las lesiones por sobreuso.

El cree en un enfoque holístico, en el cual todos los aspectos de la vida del jugador son guiados para asegurar el éxito las habilidades técnicas, tácticas, físicas y mentales se cubren todas de manera equilibrada. Lluis es un experto en la psicología de los tenistas y dicta clases sobre psicología en un programa deportivo universitario en Barcelona. Fernando Luna, protegido de Lluis, elogia a Bruguera por sus buenas técnicas de motivación y dice: "Es un muy buen psicólogo. Cree que puedes ganar cada vez. Y te lo transmite." También "exige mucho... y esto es muy importante."

Con experiencia como padre de un tenista, y como entrenador, Lluis tiene una perspectiva única sobre el desarrollo del tenis de alto rendimiento. La academia Bruguera es conocida por ser un lugar amigable para vivir y entrenar, con una atmósfera familiar y con un equilibrio saludable entre el trabajo y el juego. Todos los niños son tratados como Lluis quisiera que se trate a sus propios hijos.

Dos principios de su método de enseñanza son: "Es imposible ser brillante todos los días" y "Es importante ganar cuando no juegas bien". A partir de esto, Lluis trabaja un sistema que él sostiene es "para todo el mundo. Los buenos y los malos. Si tengo gente muy normal, no me importa. Pues hacen lo mismo.

Lluis es un entrenador muy intuitivo y le gusta enseñar utilizando los métodos de cuestinamiento objetivo y de descubrimiento guiado formas de entrenamiento indirectas o implícitas. Por ejemplo, Lluis evita corregir la mecánica directamente, el prefiere un ejercicio que ayude a los jugadores a aprender la técnica correcta por sí solos, por medio de un proceso de descubrimiento. Lluis suele decir a sus entrenadores: "No digas al jugador lo que está haciendo mal, busca el ejercicio correcto para ayudarle". Lluis cree que los jugadores aprenderán mejor si lo descubren y lo "sienten" por sí solos. "No quiero que (el jugador) piense, yo quiero que sienta."

Lluis no teme exigir mucho al jugador pero insiste en que un enfoque positivo es en última instancia la mejor manera de motivar y enseñar al jugador. El sistema de ejercicios diseñado por Lluis es el alma de su academia, y todos los miembros del equipo de entrenadores utilizan su método para enseñar a los jugadores de la academia. Si bien los entrenadores tienen cierta libertad para elegir ciertos ejercicios para diferentes momentos, básicamente, todos los que se usan en la academia Bruguera se originaron con Lluis y constituyen el centro del enfoque de entrenamiento de la academia.

Algunos de los ejercicios de Lluis se comentaron en capítulos anteriores. De hecho, muchos de los ejercicios clásicos de Bruguera se han utilizado tan frecuentemente en España que ya se los conoce como ejercicios "españoles".

Lluis cree que el aspecto más importante que deben desarrollar los jugadores es el espíritu competitivo. Igual que muchos entrenadores españoles, los parámetros de aceptabilidad técnicos de Lluis son muy amplios, y prefiere no cambiar las empuñaduras ni los movimientos de preparación "si el jugador juega bein con esos tiros". En Bruguera, la mayor parte del trabajo técnico implica desarrollar la velocidad de la raqueta, el trabajo de pies y afinar, en lugar de realizar grandes cambios "Para mí", dice, "la potencia no es importante". Es la velocidad. "

Técnicamente, Lluis se preocupa más por la acción de la mano y la raqueta en la zona de contacto, el resto del movimiento de preparación no es una prioridad para él. Insiste en que el juego de tenis es fácil de aprender. El juego es "fácil" dice. En la zona de contacto, Lluis quiere una buena extensión de la raqueta y del brazo, a través de la pelota y hacia el objetivo. Lluis lo llama "golpear a través de la línea del tiro," y por supuesto, él desea un látigo masivo y velocidad de raqueta.

Si alguna vez viste jugar a Sergi, hijo de Lluis, puedes decir que Lluis sabe desarrollar la velocidad de raqueta. Sergi no era grande, quizás seis pies y delgado, pero podía pegar pelotas pesadas. Su golpe de derecha registraba más RPM que ningún otro profesional durante años hasta que apareció Rafael Nadal en el circuito con su monstruoso golpe de derecha.

Entonces, no sorprende que Lluis tenga algunos excelentes ejercicios para la velocidad de raqueta que se usan regularmente en la academia (descriptos en el Capítulo 2).

Otro elemento clave de su sistema de desarrollo es lo que Lluis llama "inteligencia intuitiva", que cree debe desarrollarse en todos sus jugadores para que logren el máximo rendimiento en cancha. La "inteligencia intuitiva" para Lluis, debe liberarse nutriendo los instintos naturales del jugador y desarrollando sus procesos subconscientes y automáticos para que en el fragor de la batalla, pueda actuar instintivamente, y no mecánicamente, o por medio de aplicación consciente. Es por esta razón que Bruguera favorece el descubrimiento guiado y las formas de enseñanza implícitas. El cree que el estilo ayuda a desarrollar la inteligencia intuiva mejor que ningún otro método pedagógico. Dice "Cuando alguien como Roddick te está golpeando a 120 mph, debes construir una inteligencia intuitiva suficiente para devolverle la pelota."

"Trato de formar un jugador, dice. "Y prefiero mostrar a ese jugador que él puede hacer todo. Pero no quiero decir cómo necesita jugar. Con eso, tienes la oportunidad de hacer crecer a tu jugador. Si fuerzas a tu jugador para que solamente juegue así, no se desarrolla la inteligencia intuitiva. Para eso, introduje muchos cambios en el sistema del juego."

Lluis cree que la consistencia de los golpes de fondo es clave para el desarrollo de un gran jugador. Fue uno de los primeros entrenadores, junto con Pato, en extender los ejercicios a aún más repeticiones por set, por ejemplo, 20 o más pelotas, para mejorar la energía y la concentración necesarias para ser más consistente. Dice que sin un buen juego de fondo consistente, los jugadores no tendrán la confianza para jugar en el alto nivel o maximizar su rendimiento. Una consistencia deficiente, según su punto de vista, lleva finalmente a la ansiedad en la cancha. Como es típico en toda España, el desarrollo del golpe de fondo está en el centro del programa de etudios de la academia Bruguera.

Habiendo estudiado con Lluis durante cierto tiempo, no me impresionaron sus habilidades motivadoras. Lluis es un motivador maestro, como muchos otros grandes entrenadores, y un gran comunicador con sus alumnos. Lluis dice que la "inspiración" es una de las cosas más importantes que un entrenador puede proporcionar a sus alumnos. Proporcionar motivación y creencia en sí mismos por medio de la inspiración y la buena comunicación es algo que Lluis Bruguera valora mucho y realiza exquisitamente bien.

"Mi método es no hablar y no pensar. Hacerlo, eso es la inteligencia intuitiva. También ser positivo. Nunca decir No. También es importante darles el tiempo a los jugadores para que encuentren el camino. Pues aunque pienses que es fácil, y es muy obvio lo que quieres, y los que ellos necesitan hacer, debes darles el tiempo para 'intentar.'"

Un ex alumno, Fernando Luna, jugador top 30 de la ATP dijo: "Lluis Bruguera fue mi entrenador durante muchos años. Aprendí de él muchas, muchas cosas. Creo que Lluis es el mejor entrenador del mundo, por muchos años". Y "cuando terminé mi carrera, comencé a trabajar con él como entrenador."

Consistente, positivo, actitud, desarrollo de la velocidad de raqueta, movimiento y equilibrio, ética de trabajo, desarrollo deportivo, automatización técnica y táctica e inspiración, son algunos de los elementos centrales de la filosofía y el sistema de Lluis. Si combinas esto con un entrenador apasionado y comprometido con la excelencia de sus alumnos y su desarrollo holístico, tendrás un super entrenador en ciernes que afecte la trayectoria del tenis español de manera inmensurable.

Visitar www.secretsofspanishtennis.com, para ver las inéditas entrevistas con Lluis sobre su influencia sobre el tenis español, su filosofía y sus métodos de entrenamiento.

Pato Alvarez

William "Pato" Alvarez es uno de los legendarios entrenadores de España, quien junto con Lluis Bruguera, tuvo un rol decisivo en el cambio del sistema de entrenamiento del país, abriendo el camino para la Armada Española.. Tuvo una gran influencia en el desarrollo de los protocolos que seguirían muchos entrenadores españoles, lo que hoy se llama "El Modo Español".

Pato, sudamericano de origen, llegó a España luego de lograr una carrera mundial, competitiva con los mejores jugadores del circuito profesional en ese momento ("Top 10" dice, aunque no existía en ese momento una clasificación oficial de los Top 10). Jugó todos los Grand Slams y compitió contra los mejores jugadores de su época.

Cuando terminó su carrera de jugador, trabajó durante años con los mejores jugadores de la Federación Española en los años 70 y fue, junto con Lluis Bruguera e Ion Tiriac uno de los primeros entrenadores privados de España.

Pato formó a docenas de jugadores profesionales españoles de primer nivel como Emilio Sánchez y Sergio Casal. Se especializa en tomar a los adolescentes de 15 años de edad o más y prepararlos para la transición a los niveles profesionales. Más recientemente, Pato estuvo trabajando con la mejor promesa junior Grigor Dimitrov y viajó y entrenó a Andy Murray.

Pato diseñó el sistema de ejercicios que se usa ahora en Sánchez Casal, una de las academias líderes de España y del mundo y se lo puede ver en Sánchez Casal enseñando en sus clases, cuando no está viajando con sus alumnos a los torneos.

He tenido el privilegio de estudiar con Pato en la cancha y observarle. Es un entrenador muy inteligente, divertido, carismático, afable, hoy en su década número 70. Es un poco excéntrico, pero hay un destello en sus ojos cuando habla que te dice que se le debe tomar con seriedad, y que tiene un conocimiento único para compartir contigo, quizás los verdaderos secretos del tenis español.

Sergio Casal, ex jugador ATP, y uno de los alumnos estrella de Pato, explica que, antes de Pato, nadie en España realmente ejercitaba con seriedad desde el cesto. Pato creó esta secuencia extensiva de ejercicios para trabajar todas las áreas técnicas y tácticas y vincularlas dentro de un sistema de entrenamiento integral. Y Pato usó esos ejercicios para enseñar a sus alumnos a sufrir. Trabaja con sus jugadores con mucha intensidad hasta que algunos de ellos terminan arrastrándose en la cancha por la fatiga. Según Sergio: "Lo que tratamos de enseñar con este sistema es mejorar con cada área de la cancha."

Algunos de los ejercicios se presentaron antes en este libro, y muchos más se presentan en el libro de Pato: El Gurú del Tennis. Pato creó cientos de ejercicios durante su carrera, pero algunos pocos son sus favoritos y los recomienda para el trabajo diario del jugador. Si alguna vez vas a entrenar a Sánchez-Casal en Barcelona, harás muchos de los ejercicios diseñados por Pato para llevar a los profesionales españoles a la cima del juego.

Sergio Casal también me dijo que Pato es uno de los entrenadores más dedicados que ha conocido en su vida, siempre trabajando largas horas, llegando temprano y yéndose tarde. Es un entrenador apasionado, comprensivo y comprometido con sus alumnos y los trata como si fuesen parte de su propia familia esto suele ser un rasgo común entre los grandes entrenadores.

Pato es conocido por su sistema de ejercitación, muy estructurado y sistemático. Algunos dicen que puede ser demasiado estructurado, que no permite suficiente adaptación o flexibilidad, pero Pato insiste en que su rutina central de ejercicios construye una base sólida sobre la cual los jugadores pueden construir una base ganadora y un juego de toda la cancha. Pato, igual que Lluis, entrena a sus alumnos sistemáticamente y durante largos períodos, con repeticiones de 20 pelotas y hasta más de 100 pelotas sin interrupción. Esto ayuda a mejorar la disciplina, la energía, la concentración del jugador y lo prepara para los rigores del tenis en tierra batida de alto nivel.

Hay un cierto genio simple en el sistema cuando se comprende en totalidad, una serie de ejercicios geométricamente diseñados, y rítmicos que pueden superponerse y vincularse para entrenar a un jugador desde todas las áreas tácticas de la cancha. (Me referí a Pato y a su sistema en un artículo de la revista *Tennis Player*, "Dos Genios," y Pato publicó también un libro, *El Gurú del Tenis*, para quienes puedan leer en español, y estén interesados.)

Una de las caracterísiticas del sistema de Pato es el "ritmo doble," un estilo de movimiento que Pato indica para todos sus jugadores. El ritmo doble es un paso de desplazamiento diagonal que prepara el cuerpo (caderas y hombros) para pegar temprano y mueve al jugador con un gran paso ancho y estable hacia adelante para atacar y hacia atrás para defender.

Pato tiende a trabajar con jugadores mayores que ya tienen una buena técnica, pero cuando trabaja sobre la técnica, se concentra en el trabajo de pies, el equilibrio y por supuesto, en generar la máxima velocidad de raqueta. De hecho, estas áreas se han transformado en las habilidades de facto para que desarrollen todos los jugadores españoles.

Recientemente, Pato estaba trabajando para la nominación para el Tennis Hall of Fame en Newport, RI. Es realmente uno de los mejores entrenadores que haya trabajado en España, y un entrenador líder en la escena mundial. Realmente merece recibir este reconocimiento por los incansables esfuerzos y dedicación hacia el desarrollo de los jugadores profesionales del más alto nivel.

Las Legendas Lluis y Pato y los Seis Secretos

Lluis Bruguera y Pato Alvarez han ejercido una pofunda influencia sobre el tenis español y han jugado un rol fundamental dando forma al estilo, la filosofía, y los métodos españoles que utilizan en el país miles de entrenadores de las generaciones que les siguieron.

Si bien sus sistemas y enfoques difieren en muchos aspectos, en este libro he tratado de destacar las similitudes entre los dos abordajes para que cntrenadores, padres y jugadores tengan una guía práctica que no esté arraigada solamente en el dogma de un entrenador. Los seis secretos son el resultado de esta investigación para la universalidad y armonía entre los diferentes enfoques que se encuentran en España.

Por ejemplo, Pato Álvarez es un apasionado del trabajo de pies de ritmo doble y lo utiliza todo lo posible, haciendo de esto una parte primaria de su trabajo técnico. Sin embargo, sería erróneo enfocarse primariamente en la técnica del doble ritmo y etiquetarla como "El Modo Español" pues hay muchos otros entrenadores de elite en España, incluyendo a Lluis Bruguera, que si bien no ponen énfasis en el doble ritmo, alcanzan resultados fantásticos.

En los seis secretos del tenis español que se incluyen en este libro, he tratado de delinear las generalidades que tienen en común los grandes entrenadores españoles sobre las cuales nunca estarían en desacuerdo.

Pato y Lluis, a pesar de sus diferencias filosóficas en ciertas áreas del juego de tenis, están de acuerdo en la importancia de entrenar los seis secretos.

El movimiento, el trabajo de pies y el equilibrio
La velocidad de raqueta y el desarrollo de un arma
La consistencia
La defensa
La preparación física
El sufrimiento

Como mencioné en la sección de los Secretos de este libro, muchas de estas áreas se pueden enseñar de manera integrada, en lugar de pieza por pieza. Realmente, como afirmó Luis Mediero, entrenador y formador líder, una marca característica del enfoque español es enseñar los elementos de manera simple y holística, el método preferido tanto de Pato como de Lluis.

Los ejercicios que ellos diseñaron trabajan el aspecto técnico, táctico, físico y mental, generalmente todos juntos. Sin embargo, los ejercicios suelen tener la versatilidad de permitir que el entrenador de prioridad a las áreas más vitales para el alumno.

Los entrenadores, padres y jugadores pueden, con confianza, agregar estos elementos centrales españoles a sus propios regímenes de entrenamiento, pues están avalados por los dos entrenadores más grandes de España, Lluis y Pato.

Hay otros métodos únicos que enseñan los entrenadores españoles individuales, y enfoques más especializados, que varían de una academia a otra, y de un entrenador a otro, pero el propósito de este libro es señalar los temas comunes para llegar a la esencia del Modo Español.

Sin embargo, estudiar las diferencias entre los diferentes entrenadores españoles es un ejercicio fascinante. Para el lector, publicaré en nuestra página de internet y en Youtube entrevistas exclusivas con otros entrenadores españoles líderes que he entrevistado como:

Pancho Alvarino

Antonio Martinez

Jose Altur

Jofre Porta

Francis Roig

Albert Costa

Sergio Casal

Emilio Sánchez

Andres Gimeno

Jose Perlas

Javier Piles

Jordi Vilaro

Javier Duarte

Alvaro Margets

Y más, por favor, visitar
www.secretsofspanishtennis.com.

Capítulo 8
Academias Españolas Líderes

Si usted considera enviar a un jugador a entrenar en España, este capítulo es para usted. Encontrar una academia española conveniente que combine todo lo que usted está buscando, puede ser un desafío debido a las diferencias culturales, y a la mera distancia entre los EEUU y los otros países fuera de Europa.

Para los europeos y otros de países vecinos, España es el lugar más frecuentado para entrenamiento de tenis serio. Los jugadores migran hacia el sur de la misma manera que los jugadores estadounidenses van a entrenar a Florida desde Rusia, Europa del Este, Inglaterra, Francia, Bélgica, Alemania, etc. Algunas veces me refiero a España como la Florida de Europa. Bruguera Top Team actualmente tiene a todo el equipo de la Federación de Turquía entrenando con ellos periódicamente durante el año, de hecho Lluis Bruguera acaba de ser contratado como Entrenador Jefe de la Federación Turca. Barcelona Total Tennis (BTT) tiene una relación con la USTA, y la sección de Desarrollo Elite de la USTA envía allí a su mejor cuadrilla estadounidense. La LTA y Tennis Australia tienen en España una base de entrenamiento para sus jugadores elite. Virtualmente, todas las mejores Federaciones del mundo mantienen una relación de entrenamiento con España, pues reconocen que sus jugadores pueden aprender mucho entrenando del modo español.

He aquí los perfiles de algunas de la academias líderes y más respetadas de España. Se han hecho todos los esfuerzos para que esta información sea lo más correcta posible, pero, por favor, para lograr una información más precisa, visite la página de internet o envie un correo electrónico al representante de la academia.

Barcelona Total Tennis

Lugar: Valldoreix.

Unos 25 minutos al norte de Barcelona y 30+ del Aeropuerto Internacional de Barcelona.

Sitio de internet para mayor información:
www.barcelonatotaltennis.com

Descripción/ Filosofía: BTT está en el Club Esportiu de Valldoreix, al norte de Barcelona, en la ciudad de Valldoreix. El club se encuentra en un barrio suburbano, tranquilo y bien mantenido. Las muchas áreas verdes y la paz y tranquilidad hacen que esta academia sea un lugar muy placentero para entrenar o visitar.

El club cuenta con 16 canchas de tierra batida y 2 canchas duras. Sin embargo, BTT tiende a utilizar solamente 6 -10 canchas de tierra batida y 2 duras. El club se comparte con membresía. El Club Esportiu de Valldoreix tiene un aire de privilegio que suele asociarse con los clubes de tenis privados, pero no me pareció esnob cuando lo visité.

El club es limpio y está bien mantenido, con las canchas e instalaciones en buenas condiciones. También cuenta con un pequeño y moderno gimnasio.

El BTT se enorgullece de su pequeño tamaño y de la atención personalizada que reciben sus jugadores. El programa anual de tiempo completo acepta solamente a 20-25 jugadores y BTT busca activamente jugadores de la ITF de alto nivel que quieran entrenar para el circuito professional.

La BTT también recibe jugadores a tiempo parcial de todos los niveles. La inscripción crece hasta alrededor de 40 en julio, la época más concurrida del año, pero este número es aún bastante pequeño, en términos comparativos.

El personal de entrenamiento está encabezado por Jordi Vilaro, ex entrenador de Copa Davis de España, y Francis Roig, entrenador asistente de Copa Davis, y 2° entrenador de Rafa Nadal, y tienen un equipo internacional de entrenadores. Juan Aguilera, ex jugador top 10 también está disponible para clases o trabajo grupal.

Nadal suele entrenar con Francis Roig en BTT.

Con solamente uno o dos niños por entrenador y por cancha, la BTT ofrece la atención más personalizada de todas las academias que visité. La mayor parte del día se recibe una clase privada o semi privada en un entrono grupal. Nadie queda de lado y nadie debe esperar en línea con este tipo de organización. El lema de BTT es: "Un jugador, un proyecto".

Las sesiones de entrenamiento se llevan a cabo diariamente, mañana y tarde, de lunes a viernes, combinando el entrenamiento técnico y táctico con la preparación física. Si no hay competición durante el fin de semana, los jugadores tienen una doble sesión de trabajo físico el sábado, y descansan el domingo.

Con un poco de suerte podrás ver entrenar allí a Rafa Nadal, Joao Sousa, Anna Pavlyuchenkova, o Teimuraz Gabashvili todos ellos tienen relación de gestión/entrenamiento con BTT.

Instalaciones: 16 canchas de tierra batida, 3 canchas duras, piscina, restaurant, alojamiento supervisado (muy cerca del club), gimnasio, hoteles en las cercanías.

Servicios: Psicólogo, fisioterapeuta y masajista, y un arreglo con el doctor Angel Ruiz Cotorro, médico de Medicina del Deporte de la Copa Davis de España. No se recomiendan las clases privadas, pero cuentan con entrenadores específicos a pedido.

Costo: 2400 Euros por mes (entrenamiento solamente); el alojamiento es adicional y varía si es con un familia o en habitaciones supervisadas.

La mejor opción para: Los jugadores serios de la ITF o de nivel nacional solamente son aceptados para el programa anual de tiempo completo. Los jugadores de nivel inferior y más jóvenes son aceptados a tiempo total y parcial, especialmente en verano, pero esta academia se ocupa de los jugadores de alto rendimiento que buscan entrenamiento personalizado en entrenamientos que mantienen la relación 1:1 o 1:2 entrenadores por jugador. El foco tiende a estar en los niños adolescentes y hay menor participación de las niñas.

Sánchez-Casal

Lugar: El Prat de Llobregat (Barcelona)
Menos de 10 minutos del Aeropuero Internacional de Barcelona.

Sitio de internet para mayor información:
www.Sánchez-Casal.com

Descripción/Filosofía: Sánchez-Casal es la academia más grande y más comercial de España, similar a IMG/Bollettieri en Florida (pero no tan grande en escala).

Sánchez-Casal cuenta con una ubicación muy conveniente, a 10 minutos del Aeropuerto Internacional de Barcelona, una parada muy común para los jugadores ATP/WTA cuando están viajando.

El club no es alquilado, pertenece a Sánchez-Casal, y se comparte con miembros, por lo cual es un lugar muy concurrido, con mucho movimiento por momentos, especialmente en los meses de verano.

El club se encuentra al lado de una autopista principal y en una zona comercial y agrícola. Pero, no se descorazone por la falta de atractivos del lugar, el sistema de entrenamiento y las instalaciones de la academia son de primer nivel.

Los instalaciones tienen muchas actualizaciones modernas, incluyendo un nuevo edificio de dormitorios/formación y un muy buen gimansio con equipamiento moderno. Algunos visitantes se desilusionan ante el alojamiento alternativo en pequeñas casas en el terrono del fondo del club, pero las casas rodantes son limpias y bien mantenidas y las utilizan fundamentalmente para los acampantes de verano/de tiempo parcial. Las casas han sido recicladas y mejoradas para el confort de los visitantes.

La academia está abierta para todas las edades y los niveles y hasta tiene un programa para adultos. Desde iniciantes hasta jugadores ATP/WTA, y todos los que están en el medio todos son bienvenidos a Sánchez-Casal.

William "Pato" Alvarez, una verdadera figura legendaria del tenis español, desarrolló la filosofía de la academia y diseñó el sistema y el plan de enseñanza. El sistema de enseñanza es una verdadera joya, bien diseñado y único, y todos los entrenadores del equipo deben seguir el sistema uniformemente, para alentar la consistencia de la calidad de la enseñanza. Pato fue el entrenador de Sergio Casal y Emilio Sánchez, y sigue estando disponible para dar clases en la academia si puede reservar una clase con él, probablemete valga la pena el costo.

Svetlana Kuznetsova afinó su juego con Sergio Casal en la academia Sánchez-Casal.

El sistema es clásicamente español y altamente estructurado, con jugadores que pegan muchos golpes de fondo y trabajan la posición defensiva, el posicionamiento del cuerpo, el trabajo de pies y el equilibrio. La academia se enorgullece también de trabajar el juego de media cancha y la volea, incluyendo mucho juego de dobles (Sergio Casal y Emilio Sánchez, ambos dueños, fueron #1 de dobles en el mundo).

El sistema de este programa suele consistir en dos niños por cancha con cinco niños entrenando en tres canchas y un entrenador supervisando. Por ejemplo, dos jugadores juegan cruzado, dos juegan puntos y uno practica con el entrenador, y luego rotan. Pero, durante un período como el verano, el mes de julio es muy concurrido. Durante el verano, las inscripciones y la relación entre alumnos y canchas puede emperorar, llegando hasta cuatro jugadores o más por cancha. La academia puede inscribir cientos de alumnos por semana durante los meses pico.

Grigor Dmitrov entrenó en la academia Sánchez-Casal cuando era junior.

El sistema Sánchez-Casal es similar al de otras academias españolas y ofrece de 3-4 horas de tenis y 1-2 horas de entrenamiento físico por día. Para los jugadores de verano de tiempo parcial, sin embargo, la aptitud física no es muy seria pues muchos de ellos son jugadores recreativos. Los alumnos de tiempo total anual suelen tener un nivel mucho más alto y su entrenamiento es muy intenso. Citando a su entrenador jefe, Sergio Casal, "Aquí tienes que ser un luchador."

La academia también incluye un colegio secundario profesional excelente, dada la importancia de la formación aún para jugadores destinados a ser profesionales.

Andy Murray desarrolló su juego durante su adolescencia en la academia Sánchez-Casal.

Sergio Casal es el Entrenador Jefe de Sánchez-Casal, es un excelente entrenador y una muy buena persona y muy amigable que hará todo lo posible para que su estadía sea exitosa. Sobre todo, este lugar es muy amigable, los jugadores de todos los niveles pueden lograr un entrenamiento español de buena calidad. Sólo, hay que tener cuidado de no perder a su jugador en la multitud, especialmente en temporada alta.

Instalaciones: 27 canchas (tierra batida, Green Set, Astroturf), piscina, restaurant, moderno gimansio, alojamiento supervisado en el lugar, Hotel Tryp a corta distancia a pie.

Servicios: Hay un psicólogo en el equipo, fisioterapeuta y masajista, Medicina del Deporte disponible, clases privadas disponibles con todos los entrenadores del equipo.

Costo: Sánchez Casal cuesta unos 1250 Euros la semana e incluye alojamiento en el lugar.

La mejor opción para: Todos los jugadores desde iniciantes hasta profesionales, que busquen un entrenamiento español moderno en instalaciones actualizadas.

CIT/FCT

(Centre Internacional de Tennis/Federación Catalana Tennis)

Lugar: Cornellà

Sitio de internet para mayor información: www.ctennis.cat

Descripción/Filosofía: Las instalaciones lindas, limpias, nuevas (sólo tienen 10 años) en el corazón de Cornellá, cerca de la ciudad y del aeropuerto, son el hogar para los mejores jugadores de la zona de Barcelona/Cataluña. El expansivo complejo de canchas de tierra batida y duras, no es lo más pintoresco y está rodeado de autopistas y carreteras, pero el entrenamiento es super.

La Federación Catalana y la ITF subsidian las instalaciones y sólo los jugadores españoles más elite reciben la posibilidad de entrenar alli. El centro elite de entrenamiento español nacional, llamado CAR en St Cugat (norte de Barcelona), sólo toma 10-12 jugadores españoles de alto nivel, por lo tanto, muchos jugadores elite que no ingresaron al CAR están entrenando aquí. Pero, lo que tiene de especial el CIT/FCT es que su programa está patrocinado por la Federación, pero también ofrece el mismo entrenamiento elite para jugadores internacionales de todo el mundo y está ganando reputación mundial como uno de los mejores centros de entrenamiento de Europa, sino del mundo. Los mejores jugadores de muchos países extranjeros vienen aquí a probarse contra los mejores juniors y a entrenar con el modo español.

Albert Costa, ex campeón del Abierto de Francia y entrenador español de Copa Davis es el director del CIT/FCT, y lleva a cabo una operación profesional muy seria dedicada a ayudar a los jugadores jóvenes y talentosos a hacer su transición al circuito profesional. Los entrenadores son experimentados veteranos del circuito profesional y el entrenamiento, tanto dentro como fuera de cancha, es de muy alta intensidad.

El centro de tenis CIT/FCT está abierto al público, por lo cual suele haber muchos jugadores de la ATP/WTA entrenando allí con sus propios entrenadores privados. Profesionales de primer nivel como Feliciano López y Albert Montañés suelen unirse a las prácticas para entrenar con los juniors de CIT y este es uno de los aspectos especiales del entrenamiento aquí: la oportunidad de mezclarse con los profesionales.

Las instalaciones son modernas y muy limpias, y las canchas inmaculadas. El entrenamiento es clínico y serio, con todos los entrenadores y jugadores muy profesionales en su abordaje del trabajo diario. Todo el programa es casi clínico en su implementación. Si Bruguera es como una vieja escuela y un gimansio de sudor y lágrimas, éste es un centro de entrenamiento del futuro con alta tecnología, moderno, es un centro de entrenamiento del futuro inundado por las ciencias del deporte.

El programa de entrenamiento consta de unas 3,5 horas de tenis y 2+ horas de acondicionamiento físico por día, dependiendo si hay torneos o no, los jugadores entrenan por lo menos medio día el fin de semana.

Su Director, Albert Costa, me explicó que uno de los aspectos importantes de esta filosofía es lograr grandes jugadores de todas las superficies, no solamente de tierra batida. Y, ciertamente, los jugadores estaban tomando la pelota un poco antes en algunas de las otras academias que visité, y parecía que los jugadores buscaban atacar más que el programa típico de estilo español.

Pero el programa es aún muy español, con toneladas de trabajo de golpes de fondo y técnica y consistencia, y los ejercicios de movimiento defensivo necesarios.

El programa es muy arduo desde el punto de vista físico. Un junior de alto nivel de Serbia me dijo que al final de su primera semana "el entrenamiento fue espectacular", pero que estaba "agotado" y ¡necesitaba el fin de semana para recuperarse!

Instalaciones: 27 canchas duras y de tierra batida, dormitorios supervisados en el lugar, moderno gimnasio, spa, hidromasaje, piscina cubierta, Restaurant Amanda, hoteles en la zona (se puede llegar a pie).

Servicios: psicólogo disponible, fisio y masajes disponibles, asociación médica con MAPFRE grupo de Medicina del Deporte.

Costo: 3000 Euros por mes, incluyendo alojamiento en el lugar

La mejor opción para: Jugadores elite, top nacionales e internacionales clasificados por la (ITF) que deseen entrenamiento profesional para su transición al circuito profesional. Generalmente, la CIT/FCT busca jugadores serios y ambiciosos de 15 años o más con alta clasificación nacional o ITF. Cuando la visité, el programa para los niños parecía más fuerte que el de las niñas, con más participantes y más espacios de alojamiento para el equipo de niños.

Global Tennis Team Mallorca Academy

Lugar: Sa Planera en Marratxi, Mallorca

Sitio de internet para mayor información:
www.globaltennisteam.com

Descripción/Filosofía: Global Tennis Academy es donde Jofre Porta, entrenador español líder, entrena a los futuros candidatos a profesionales. En un área agradable, tranquila y solitaria a unos 20 min. del Aeropuerto Internacional de Palma de Mallorca.

Jofre, un entrenador carismático que logró llevar al primer español al #1, Carlos Moyá, y también ayudó a Rafa Nadal en sus años de formación, llama a su pequeña escuela, "Una casa de muñecas... donde no queremos ser esclavos del crecimiento".

Los jugadores pueden esperar encontrar pequeños grupos y una atención personalizada.

Durante una reciente visita, dos niños de Italia (17 y 15 años), una niña de Londres (14 años) y un entrenador esloveno de unos 23 años que acompañaba a dos de sus jugadores solamente hicieron comentarios positivos. Todos estaban maravillados ante las habilidades de entrenamiento de Jofre.

Jofre está allí por la mañana y luego, después de las 17hs. para las sesiones de la tarde. Los niños también toman lecciones privadas con él.

Nos dijeron que Global tiene al #1 de menores de 16 años de España. Global dice que hay muchos alumnos rusos que entrenan todo el año allí, igual que los jugadores españoles. El formato es diferente al de algunas otras academias. Todos los jugadores suelen estar mezclados y todos hacen lo mismo independientemente de su nivel. Una sesión típica podría incluir pasar 20 minutos en una cancha, y luego, rotar a la próxima cancha. Una cancha, por ejemplo, podría focalizarse en la "consistencia," otra en tiros de ataque o de defensa.

Instalaciones: 5 canchas de tierra batida, pequeños dormies y zona de estar, restaurant, gimnasio.

Servicios: Fisio, masaje, y servicios psicológios disponibles. Lecciones privadas disponibles con Jofre o su equipo. Servicios disponibles de medicina del deporte.

Costo: Contactar Global por precios.

La mejor opción para: Los jugadores serios que tienen mentalidad individual y quieren entrenar arduamente en un lugar remoto.

Bruguera Top Team

Lugar: Santa Coloma de Cervelló, en las colinas del oeste, en los suburbios de Barcelona, 15-20 min. del Aeropuerto Internacional de Barcelona, y 20-25 min. en tren al centro de Barcelona.

Sitio de internet para mayor información:

www.brugueratennis.com

Descripción/Filosofía: Bruguera Top Team, fundada en 1986, por Sergi Bruguera y su padre y entrenador, Lluis Bruguera, es una de las academias más antiguas y más exitosas de España.

Situada en la encantadora y humilde ciudad de Santa Coloma de Cervelló, con vistas al Mediterráneo mirando a Barcelona, la academia Bruguera es una de las pocas en el mundo que se dedica 100 por ciento al entrenamiento serio de jugadores junior. No ofrece ningún programa adulto, y no existe la membrecía para adultos en el club. Esto es parte de la visión de Lluis Bruguera y de su pasión por el desarrollo de los juniors el club y sus instalaciones solamente existen para ellos.

El club tiene una mezcla de canchas de buena calidad de tierra batida y duras Green Set, todas elllas en múltiples niveles, por lo cual la visita es conveniente. Las instalaciones ya están envejeciendo y definitivamente, necesitan una pronta renovación, asi es que no se debe esperar un alojamiento de lujo. Algunos visitantes dicen que el club les recuerda a un viejo y sucio gimnasio de un colegio, analogía que me parece correcta. Las estructuras físicas, dormitorios y armarios, asi como el gimnasio, son muy minimalistas y necesitan renovación, pero, si bien el club carece de lujos y toques modernos, la academia compensa todo con su energía positiva y su espíritu de amistad. El entrenamiento es también el menos caro de todas las academias que visité en Barcelona, por lo cual la relación costo/beneficio es muy buena.

Lluis Bruguera es el gurú técnico de la academia y un líder apasionado en la cancha, mientras que las operaciones diarias las lleva a cabo un miembro de su familia, Xavier Torner, quien es capaz de sacarse la camiseta que lleva puesta para que su estadía sea agradable. Fernando Luna, uno de los alumnos de Lluis y jugador top 30 de la ATP, lidera el equipo de entrenadores y es una de las personas más agradables que pueda conocer jamás, un modelo de excelencia. En Bruguera parece que los entrenadores y el personal dominan el arte de la hospitalidad y amistad, por lo cual la estadía aquí es agradable tanto para los deportistas, como para sus entrenadores y sus familias.

Lluis cree en un estilo de entrenamiento muy positivo y mínimamente crítico y su personal exerimentado, muchos de los cuales están con Lluis desde hace décadas o más, realizan un gran trabajo siguiendo este sistema ya probado, y manteniendo la energía positiva y la fluidez de los comentarios. Este enfoque positivo es probablemente la razón por la cual Bruguera es tan frecuentada por los jugadores jóvenes que necesitan más aliento. Con tantos miembros de su personal desde hace tantos años, este negocio familiar, como entidad, realmente parece tratar a los visitantes como parte de la familia, como si fuesen buenos y viejos amigos que llegan a casa.

Lluis y su personal han creado un sistema probado que ha impulsado a más de 15 jugadores a los primeros 100 puestos del circuito profesional. La filosofía y el sistema de la academia son el método creado por Lluis en los años 1980, que ayudó a revolucionar el tenis en España, y a pesar de que el sistema ha evolucionado, muchos de los mismos ejercicios se siguen utilizando hoy en día. Como muchos programas españoles, de mañana, los entrenadores suelen trabajar mucho los golpes de fondo y otras áreas técnicas utilizando métodos de alimentación manual, y luego, por la tarde, los jugadores juegan puntos y sets.

El típico programa diario consta de 3 horas 15 minutos de tenis por la mañana y la tarde, y de 2 horas 45 minutos de entrenamiento físico. Lluis cree firmemente que los jugadores no se concentran bien luego de más de 3 horas por sesión y que "la calidad es más importante que la cantidad".

Salvador Sosa, un legendario preparador que viajó y entrenó a muchos de los mejores jugadores ATP como Ivan Ljubičić y Alex Correjta, es el centro del personal de acondicionamiento y preparación física. Igual que otras academias españolas, posee grandes campos de verano, en los cuales los visitantes de tiempo parcial que visitan el programa, no toman tan seriamente el aspecto físico.

La preparación física tiende a ser una combinación de correr, estirar y trabajar en el gimnasio. Una o dos veces por semana se reta a los alumnos a correr hasta la cima de la montaña sobre la cual está emplazado el club un extenuante ejercicio físico que desarrolla la energía y la capacidad de sufrir.

Los alumnos varían desde iniciantes de torneo, de 9 y 10 años, hasta jugadores de ITF de alto nivel y profesionales del circuito. Durante mi última visita, puede ver un buen jugador español de 10 años, y uno de los mejores 300 de la ATP, entrenando en una cancha.

Durante los meses más concurridos, en el verano, la academia acepta más de 100 jugadores y en julio algunas veces alquilan canchas adicionales para los alumnos extra. Bruguera cree en la relación de 2 o 3 alumnos por cancha, para su sistema de entrenamiento para los jugadores mayores. Algunas veces, durante las semanas más concurridas hay cuatro jugadores jóvenes por cancha.

Los jugadores de tiempo completo, de los cuales unos 45 se alojan alli durante el año escolar, más 30 jugadores que van después del colegio, todos trabajan intensamente, dentro y fuera de la cancha. Los jugadores de Bruguera trabajan duro pero también juegan duro, hay un buen y saludable equilibrio. La academia es un lugar alegre donde todos se esfuerzan mucho, y luego, saltan a relajarse en la piscina y juegan antes de cenar.

Instalaciones: 16 canchas (7 tierra batida, 9 duras), piscina, alojamiento supervisado, gimnasio, restaurant/café, hoteles en la vecindad.

Servicios: Psicólogo, fisioterapeuta y masajista, y un arreglo con médico de Medicina del Deporte de Copa Davis de España Las clases privadas no son parte de la filosofía aquí, y por lo tanto, no se ofrecen (pero los grupos son pequeños y trabajarán extra para ayudar a su jugador durante el programa habitual (Lluis considera que el programa regular es bueno y la mayoría de los jugadores no necesitan lecciones privadas). Hay instalaciones escolares y tutores en el lugar.

Costo: Solicitar por correo electrónico a: info@brugueratennis.com.

La mejor opción para: Todos los jugadores de todos los niveles, los entrenadores amigables de Bruguera hacen que la academia sea un lugar especialmente positivo para los jóvenes jugadores, pero ellos tienen la experiencia para entrenar también a jugadores estándar nacionales e internacionales de alto nivel, solamente que no se debe esperar ni equipamiento de primera categoría, ni alojamiento de lujo.

PRO AB

Lugar: Barcelona Central, 10-15 minutos del Aeropuerto Internacional de Barcelona y del centro de la ciudad..

Sitio de internet para mayor información:

www.proabtennis.com

Descripción/Filosofía: PRO AB es una academia relativamente nueva, de unos 5 años de antigüedad, en la zona central de Barcelona, en una zona relativamente urbana. Se encuentra en el Club Espiritu Hispano Francés, un club deportivo envejecido pero que se puede utilizar perfectamente, en un barrio de clase media de la ciudad. El club se enorgullece de una hermosa zona con una piscina y un edificio envejecido. Las canchas están en buenas condiciones y PRO AB utiliza 7 de las 11 canchas de tierra batida para su entrenamiento y usa las canchas duras de la vecindad. Hay acceso a dos gimnasios, incluyendo un tecno gimnasio avanzado a 10 minutos del club.

Carla Suarez Navarro es una de las mejores mujeres de España que entrena bajo la guía de Josep Arenas y su equipo bien capacitado. Josep es un experimentado entrenador español que entrena principalmente a jugadores españoles locales de la zona que tratan de progresar en el circuito ITF.

El entrenamiento es auténticamente español pero Josep insiste que él es más técnico que la mayoría de los profesores españoles.

PRO AB cuenta con unos 20 jugadores a tiempo completo en su escuela de competición y buscan principalmente jugadores profesionales e ITF para que ingresen a la escuela de tiempo completo.

Sin embargo, Josep me cuenta que está abierto a entrenar jugadores que vengan de fuera de España.

La clave para el éxito y sistema de PRO AB, según Arenas, es la atmósfera de pequeña familia, donde todos se conocen personalmente, y no quedan jugadores sin atención. Esto no es una fábrica comercial con una línea de entrenamiento ensamblado es solamente buen entrenamiento estilo español auténtico, en el sucio polvo rojo.

Los jugadores entrenan entre 3 y 3,5 horas de tenis y 1,5 horas mínimo de trabajo físico por día.

Instalaciones: 7 canchas de tierra batida, piscina, alojamiento no supervisado (pero se puede alojar con familias locales), gimnasio en la vecindad, restaurant, café, hotel cercano, opción de colegio local (la mayoría de los jugadores son españoles y de Barcelona).

Servicios: Psicólogo disponible, fisio, masaje, y medicina del deporte disponibles.

La mejor opción para: Serios jugadores ITF de alto nivel y clasificados que deseen una experiencia auténtica de entrenamiento español, en un pequeño programa íntimo sin detalles agregados.

Costo: correo electrónico: info@proabtennis.com.

TennisVal

Lugar: Parque Natural de la Albufera en las afueras de Valencia, a unos 20 minutos del Aeropuerto Internacional de Valencia.

Sitio de internet para mayor información:

www.tennisval.com

Descripción/Filosofía: Emplazado en los campos de naranjas, TennisVal se encuentra en un club privado (El centro de Tenis Altur Alvariño), donde el programa alquila 12 canchas de tierra batida y 2 canchas duras y comparte las instalaciones del club con los socios. Tanto el club como las canchas están en buenas condiciones, pero algunas de las estructuras están envejecidas. Esta es otra academia sin detalles de refinamiento, igual que las de Bruguera y PRO AB, pero los jugadores no vienen por el equipamiento refinado, vienen a entrenar duro según el modo español bajo la tutela de experimentados entrenadores profesionales.

En este aspecto, están en muy buenas manos pues los dueños y Jefes de Entrenadores son José Altur, ex jugador top 100, y ahora, el entrenador super estrella para alto rendimiento Pancho Alvariño. Este dúo tuvo a su cargo la conducción del desarrollo junior de Dinara Safina y Marat Safin, e Igor Andreev, junto con otros profesionales españoles de alto nivel. José se especializa más en el entrenamiento de niños y Pancho tiende a trabajar con las niñas.

Ferrer, entrenó en TennisVal cuando era junior.

Marat Safin y su hermana Dinara desarrollaron su juego de adolescentes bajo la mirada vigilante de Pancho Alvariño y José Altur.

Muchos rusos y extranjeros vienen a TennisVal, especialmente las niñas, para seguir los pasos de Safin, Andreev, y Safina.

Instalaciones: 12 canchas de tierra batida y 2 canchas duras

Servicios: Atención psicológica disponible, fisio y masaje, servicios de medicina del deporte, opciones de escolaridad local y en línea.

Costo: Email info@tennisval.com.

La mejor opción para: Jugadores junior serios de nivel torneo de todas las edades quienes deseen entrenar bajo la mirada supervisora de Jose Altur y Pancho Alvariño, equipo que formó a las super estrellas Marat Safin y Dinara Safina.

Equelite JC Ferrero

Lugar: Cerca de Villena.

La ciudad y el aeropuerto más cercanos son Alicante o Valencia más o menos a una hora de automóvil.

Sitio de internet para mayor información:

www.equelite.com

Descripción/Filosofía: Estas modernas instalaciones se encuentran alrededor de la finca privada de Juan Carlos Ferrero, y solamente los jugadores serios pueden ingresar para el programa anual. El problema es que hay que conducir más de una hora desde el aeropuerto más cercano para llegar a la academia, que se encuentra literalmente en una zona de granjas, en el medio de la nada. Diríjase hasta la entrada en cuyo portón privado están las letras JC en el frente, cuando el portón se abre, prepárese para las instalaciones para entrenamiento modernas e impresionantes justo al lado de la casa particular de JC Ferrero que le deslumbrarán.

Instalaciones: 10 canchas de tierra batida y 7 canchas duras, 1 cancha cubierta, gimnasio moderno, restaurant, dormitorios supervisados en el lugar. cancha de golf.

Servicios: Servicios de psicología, médico, fisio y masajes, todos disponibles en el lugar, opciones de escolaridad en línea, Hotel Ferrero, una opción de lujo en las cercanías, alojamiento supervisado, clases privadas.

Costo: Email tenis@equelite.com.

La mejor opción para: Los jugadores de torneos junior serios, hiper focalizados que pueden entrenar en un lugar remoto con un estricto código de conducta sin sentirse encerrados.

Sinceramente espero que este capítulo ayude tanto a padres como a entrenadores y jugadores para que puedan encontrar la mejor academia de España que se ajuste a sus necesidades. Las academias están en permanente evolución, por lo tanto, por favor, verifique en línea la información más actualizada pues parte de este material puede haber perdido vigencia.

Si tuviere más preguntas sobre las fortalezas y debilidades de una academia en particular, por favor, no dude en enviarme un correo directamente a chris@chrislewit.com.

Hay muchos padres y entrenadores que me han contactado pidiendo ayuda para encontrar la academia correcta en España, siempre es un placer compartir mi conocimiento.

Es reconfortante recibir correos electrónicos de padres diciendo que sus hijos o hijas están teniendo una experiencia tenística y cultural tremendamente gratificante en su visita a España y en una de sus academias de nivel mundial.

Conclusión

¿Podrán los españoles continuar con su dominio mundial en la próxima década y aún después?

En mis años viajando por España, estos seis métodos centrales Los Secretos me dieron la clave para comprender el éxito del entrenamiento español. Sinceramente espero que el lector haya disfrutado de este estudio sobre los métodos de entrenamiento del tenis español, su historia, las figuras líderes de su entrenamiento y sus mejores academias.

He escrito este libro porque creo en la potencia y la eficacia del Modo Español, y para que los entrenadores, padres, y muchos alumnos de este gran juego, que nunca han estado en España, o no conocen el sistema español, puedan realmente beneficiarse con las filosofías centrales y los métodos presentados en este libro.

En muchos modos, hubo una tormenta perfecta que contribuyó para el increíble surgimiento de España hacia el predominio mundial en los últimos 20 - 30 años. Aún queda por verse si España y sus métodos y filosofías de entrenamiento soportarán las pruebas del tiempo.

Ahora, ya se puede ver el inicio de una evolución en el entrenamiento y los paradigmas de preparación física. Las canchas duras son ahora comunes y cada vez más, los entrenadores enfatizan el tenis agresivo con menos movimiento defensivo. Estoy seguro de que el sistema evolucionará aún más a medida que la nueva generación de entrenadores agregue su conocimiento experto colectivo y se sume a los hombros de Pato, Lluis y de las otras leyendas españolas.

¿Cómo evolucionarán los métodos españoles durante la próxima década, y podrán permanecer como super potencia mundial del tenis? Sólo el tiempo tiene la respuesta.

Por ahora, espero que hayan disfrutado aprendiendo los modernos y actuales Secretos del Tenis Español. Suerte cuando utilicen estos métodos por su cuenta y no olviden de enseñar a sus jugadores a sufrir.

Sitios de Internet Útiles y Referencias

www.rfet.es

La Federación Española

www.rptenis.org

La organización privada líder de enseñanza española

www.brugueratopteam.com

Academia de Sergi y Lluis Bruguera en Barcelona

www.Sánchez-Casal.com

Academia de Emilio Sánchez y Sergio Casal en Barcelona, donde enseña Pato Alvarez

www.equelite.com

Academia de Juan Carlos Ferrero, cerca de Alicante

www.barcelonatotaltennis.com

Barcelona Total Tennis

www.proabtennis.com

Academia de Josep Arenas, en Barcelona

www.tennisval.com

Academia de Pancho Alvariño y Jose Altur en Valencia

www.fctennis.cat/cit

Centro Internacional de Tenis en Barcelona

www.globaltennisteam.com

Global Tennis Team de Jofre Porta en Mallorca

www.usta.com/About-USTA/Player-Development

El sitio de internet de la Asociación de Tenis de los Estados Unidos, USTA, ofrece recursos sobre el estilo español, pues José Higueras ha rediseñado el programa nacional de acondicionamiento con mucha influencia española.

www.uspta.org

La USPTA ofrece muchos videos y otros recursos sobre el estilo de acondicionamiento español de acuerdo con las enseñanzas de Emilio Sánchez.